空间行为分析方法

王德 朱玮 王灿等 著

Spatial Behavior Analysis Methods

科学出版社
北京

内 容 简 介

本书共分 9 章，从最基础的行为调查方法开始，对经典的 Logit 模型、个体行为模拟、多代理人模拟方法、叙述偏好法、离散选择模型、认知地图方法、语义差别法进行详细的阐述，并辅之以案例以强化认知。最后对空间行为分析方法的未来发展做出展望。每个方法的介绍，首先简要总结方法的基本情况及发展现状，随后说明基本原理，通过模型公式详细阐述具体的方法，并辅以相应的文献说明实际应用方式，使读者做到融会贯通。

本书适合城乡规划学、地理学、建筑学、国土空间规划及其他涉及空间行为研究的行业从业人员、研究者、学生使用。

图书在版编目（CIP）数据

空间行为分析方法/王德等著. —北京：科学出版社, 2021.6

ISBN 978-7-03-069054-8

Ⅰ. ①空…　Ⅱ. ①王…　Ⅲ. ①行为地理学–分析方法　Ⅳ. ①K901

中国版本图书馆 CIP 数据核字(2021)第 105096 号

责任编辑：石 珺 李嘉佳 / 责任校对：郑金红

责任印制：赵 博 / 封面设计：无极书装

科学出版社 出版

北京东黄城根北街 16 号

邮政编码: 100717

http://www.sciencep.com

北京建宏印刷有限公司印刷

科学出版社发行　各地新华书店经销

*

2021 年 6 月第 一 版　开本：787×1092 1/16

2025 年 4 月第四次印刷　印张：11 1/2

字数：266 000

定价：98.00 元

(如有印装质量问题，我社负责调换)

作 者 简 介

王德，1963年生，教授，博士生导师，同济大学建筑与城市规划学院城市规划系城乡规划方法与技术方向责任教授。1983年南京大学地理系本科毕业，1986年中国科学院南京地理与湖泊研究所硕士研究生毕业，1994年日本名古屋大学博士研究生毕业。1998年起历任同济大学建筑与城市规划学院副教授、教授。主持国家自然科学基金项目5项，发表论文180多篇。主要从事城市规划方法论、空间与行为、城市大数据、城市模型领域的教学与研究。

朱玮，1978年生，副教授，博士生导师。2001年同济大学城市规划系本科毕业，2004年同济大学城市规划系硕士研究生毕业，2008年荷兰埃因霍芬理工大学城市规划系博士研究生毕业，2008～2010年任德国麦克斯普朗克人类发展研究所博士后研究员，2010年起任教于同济大学建筑与城市规划学院。承担国家自然科学基金项目2项，发表论文60多篇。主要从事城乡规划方法与技术、城市空间与行为、决策模型与模拟、绿色交通、环境与健康领域的教学与研究。代表性研究包括有限理性决策理论与模型研究、上海南京东路消费者行为研究、上海世博会参观者行为研究、青岛世园会参观者行为研究、上海公共自行车研究、上海中心城区骑行环境研究、上海儿童户外活动及步行空间研究等。

王灿，1987年生，美国麻省理工学院媒体实验室城市科学研究组博士后。2009年长安大学城市规划系本科毕业，2012年同济大学城市规划系硕士研究生毕业，2017年同济大学城市规划系博士研究生毕业。主要从事城乡规划方法与技术、城市空间与行为、决策模型与模拟、城市大数据领域的研究。代表性研究包括商业综合体消费者行为研究、青岛世园会参观者行为研究、手机信令数据在城乡规划中的应用研究等。

前　言

空间行为学是跨学科的研究领域，地理学、建筑学、景观学、城乡规划学等多个学科在不同尺度研究空间与行为的关系。

空间行为研究的根本问题是空间与行为的相互作用，即空间是如何作用于人的行为的，以及人的行为如何塑造空间结构与形态。这一对相互作用的关系有学者称为空间辩证法。

在既有研究中，将人的行为视为结果，空间要素视之影响因素的因果关系分析占多数，所用的方法大都是各类统计模型，而行为对空间之塑造作用研究成果较少，还不能直接指导空间的规划设计，近年吴志强院士提出的“以流定形”理论，呼吁更多研究从解释走向规划实践。如何从行为分析走到空间设计？这里所需要的方法除前者因果关系模型之外，还需要由模型到行为的反向推演，一般称之模拟。它要求模型的结构简明扼要、可操作，要能够抓住关键问题，与解释性模型有一定区别。

基于以上的认识，本书涉及的内容包括行为调查、行为模型构建和行为模拟三部分，完整构建从数据获取、数据解析到空间行为交互设计的全过程，并以不同尺度案例来解读研究的全过程。笔者认为行为研究应该面向应用，应该为空间设计提供依据。马克思说过认识世界的目的在于改造世界，我们的研究虽离此目标还远，但希望通过自己的努力缩小一点差距。

本书介绍的方法虽然都是定量的，但行为研究中的定性分析是不可缺少的，是做好定量分析的基础，只有全面深刻理解行为的基本特征和核心因果关系，才有可能准确运用定量的方法进行刻画。行为研究过程中必须注重现场调研、观察、访谈，碰到问题就应该到现场边观察边思考，而不是闭门造车，过度依赖数据分析。定性方法没有列入书稿是因为它更多依靠经验，无须在书本中讲太多。

本书主要作者包括朱玮博士、副教授（第3～5章）和王灿博士后（第2、第3、第5、第6、第9章），他们对空间行为方法有着深刻的理解。朱玮副教授的硕士学位论文《南京路步行街的消费者行为》是本团队在空间行为研究方面所做的第一次完整的工作。

他的博士学位论文从受限理性选择视角进一步研究南京路和王府井的消费者行为，丰富和拓展了空间行为的理论与方法。王灿博士的博士学位论文《基于行为分析的商业综合体空间优化研究——以五角场万达广场为例》将空间行为分析的方法运用到商业综合体的复杂空间中，对南京路、世博会参观人流的研究方法进行了有效的集成，在空间评价方法方面有重要创新。两位参编者的成果都成为本书的重要章节。

其他参编者承担工作如下：焦健博士研究生参与了第1、第7章的编写；李丹硕士参与了第7章的编写；张昀硕士参与了第8章的编写；任熙元硕士参与了第9章的编写。谭文垦博士、副研究员承担了书稿整理、统稿的大量烦琐工作，为本书的出版做出重要贡献。

在此，谨向各位参与者致以诚挚的谢意。

希望本书的出版能够为空间行为的研究应用提供帮助。

王　德

2020年9月9日

目　　录

前言
第 1 章　行为调查方法 …… 1
1.1　概要 …… 2
1.2　调查发展 …… 3
1.2.1　理论与方法 …… 3
1.2.2　调查内容 …… 4
1.2.3　调查技术 …… 5
1.2.4　调查抽样 …… 8
1.3　调查方法说明 …… 8
1.3.1　行为观察法 …… 8
1.3.2　行为问卷调查法 …… 12
1.3.3　日志调查法 …… 15
参考文献 …… 16
第 2 章　选择行为模型 …… 19
2.1　概要 …… 20
2.2　基本原理 …… 20
2.3　方法解说 …… 21
2.4　应用案例 …… 28
参考文献 …… 30
第 3 章　个体行为模拟 …… 31
3.1　概要 …… 32
3.2　基本原理 …… 32

3.3 方法解说 …… 33
3.4 应用案例 …… 37
参考文献 …… 42
第 4 章 多代理人模拟方法 …… 43
4.1 概要 …… 44
4.2 基本原理 …… 45
4.3 方法解说 …… 46
4.4 应用案例 …… 52
参考文献 …… 60
第 5 章 叙述偏好法 …… 63
5.1 概要 …… 64
5.2 SP 数据优势 …… 64
5.3 基本原理 …… 65
5.4 方法解说 …… 71
5.5 应用案例 …… 80
参考文献 …… 84
第 6 章 离散选择模型发展进展 …… 85
6.1 概要 …… 86
6.2 离散选择模型基础 …… 86
6.2.1 一般原理 …… 86
6.2.2 应用价值 …… 87
6.2.3 基础模型形式：多项 Logit 模型 …… 88
6.3 离散选择模型的精细化发展 …… 90
6.3.1 嵌套 Logit 模型 …… 90
6.3.2 混合 Logit 模型 …… 94
6.3.3 多项 Probit 模型 …… 99
6.4 其他重要的研究关注点 …… 100
6.4.1 多种模型形式的结合 …… 100

6.4.2　不同类型的选择数据 …… 101
6.4.3　基于受限理性的选择 …… 103
6.4.4　选择的时空背景 …… 104
6.5　总结 …… 106
参考文献 …… 107
第 7 章　认知地图方法 …… 117
7.1　概要 …… 118
7.2　概念与特点 …… 118
7.2.1　相关概念 …… 118
7.2.2　认知地图的特点 …… 119
7.2.3　认知地图的研究内容 …… 119
7.3　调查方法 …… 120
7.3.1　自由描画法 …… 121
7.3.2　限定描画法 …… 122
7.3.3　圈域图示法 …… 122
7.3.4　空间要素图示法 …… 123
7.4　应用案例 …… 124
参考文献 …… 129
第 8 章　语义差别法 …… 131
8.1　概要 …… 132
8.1.1　定义 …… 132
8.1.2　特点 …… 132
8.2　理论与实证研究 …… 134
8.3　方法解说 …… 135
8.3.1　形容词对选择及数量 …… 136
8.3.2　评定尺度 …… 136
8.3.3　评定测试 …… 136
8.3.4　评定测试结果分析 …… 136

8.4 应用案例 ………… 137
参考文献 ………… 145
第 9 章 空间行为分析模拟软件与应用案例 ………… 147
9.1 概要 ………… 148
9.2 CCSIM 软件介绍 ………… 148
9.2.1 开发概况 ………… 148
9.2.2 技术路线 ………… 149
9.2.3 适用范围 ………… 151
9.2.4 软件优势 ………… 151
9.3 CCSIM 软件的主体功能及使用方法 ………… 154
9.3.1 基础数据输入 ………… 154
9.3.2 空间行为的描述性分析 ………… 157
9.3.3 空间行为的建模解释 ………… 158
9.3.4 空间行为的模拟与预测 ………… 160
9.4 CCSIM 软件的应用实例——上海大宁国际商业广场 ………… 163
9.4.1 案例概况与研究目的 ………… 163
9.4.2 数据处理与输入 ………… 164
9.4.3 消费者空间行为偏好分析 ………… 167
9.4.4 基于消费者行为模拟的多方案比对 ………… 171
9.4.5 总结 ………… 174

第 1 章

行为调查方法

1.1 概　　要

获取数据是展开时空行为研究的前提。基于环境行为学、空间行为地理学、交通规划等领域在行为数据获取方法的探索，规划设计与空间研究应用的行为调查主要包括三个方面（表 1-1）。一是特定空间内人群时空行为调查，如商业街、购物中心消费者购物行为、公园游人游憩行为等；这类研究主要通过行为观察法、行为问卷调查获取居民在空间中的实际行为或虚拟行为，以总结空间服务人群使用规律、偏好需求并进行行为模拟，基于此指引建筑与城市空间规划设计。二是个体或家庭长期与中短期特定时空行为调查，通过行为问卷调查、日志调查、质性访谈等调查方法，获取居民居住、就业迁移轨迹及通勤、购物、休闲等日常行为时空轨迹，研究居民活动时空分布规律、预测居民迁移、交通出行等行为需求。三是个体对空间的认知调查，包括通过认知地图、语义分析法等调查方法捕捉个体对空间的认知程度，把握个体对空间的喜好、态度与评价程度，以及进行城市意象等方面的研究。

表 1-1　规划设计与空间研究中涉及的行为研究内容、数据支撑及调查方法汇总表

研究类型	研究领域	研究内容	数据需求	调查方法	调查范围
特定空间内人群时空行为调查	环境行为学、建筑学、时空行为研究等	建筑内部空间与城市公共空间使用者行为特征	使用者社会经济属性、活动时空分布、时空行为轨迹等	行为观察法、行为问卷调查	有明确的调查空间范围与目标人群
特定时空行为调查	交通规划、时空行为研究等	交通行为、迁居行为、购物行为、休闲行为等	居住迁移轨迹、整日时空行为轨迹、整日活动日程安排、行为偏好等	行为问卷调查、日志调查、质性访谈	没有明确的调查空间范围，可根据社会经济属性对调查人群进行限定，并进行空间抽样
个体对空间的认知调查	时空行为研究等	个体对空间的认知程度、评价等	个体对空间认知的图示信息或语言信息转化	认知地图、语义分析法	有明确的调查空间范围与目标人群

本节首先从理论与方法、调查内容、调查技术、抽样等方面对行为调查发展进行系统的梳理与介绍，然后结合实际研究案例对常见的行为调查方法——行为观察法、行为问卷调查法、日志调查法进行详细说明。

由于认知地图调查本书以单独章节的形式进行详细介绍，本节中不再赘述。

1.2 调 查 发 展

1.2.1 理论与方法

行为调查是人类学、社会学、环境行为学、地理学、建筑学、城市规划与交通规划等诸多学科应用的研究方法。其中，当下城市空间研究中采用的行为调查方法主要源于环境行为学、行为地理学与时间地理学、交通规划领域对人类时空行为数据获取的方法探索。

环境行为学领域主要通过行为观察法和行为地图（behavioral mapping）观测和收集人在空间中的活动。行为地图是由 Ittelson 等（1970）发展起来的，用以记录发生在所设计的建筑物中的行为，力图把设计特点与行为在时间、空间上连接起来；这种方法既适合较小的环境尺度（如一间房间），也适用于更大范围的空间研究（李道增，1999）。虽然居民访问、行为问卷调查等方法也被广泛采用，但获取“行为地图”最基本的方法仍然是行为观察法，同时，行为观察法也是当下建筑内部空间、城市公共空间研究中常见的研究分析方法之一。

交通规划领域对于交通需求的预测与模拟极大程度上依赖于时空行为数据，并由此发展了家庭出行调查等调查方法，同时这也是当下可规模化与规范化的时空行为调查方法。交通规划领域时空行为调查主要依赖于日志调查（diary survey）形式，伴随着交通研究范式的演进，调查内容经历了由出行调查到活动调查的发展演变。早期的交通研究主要关注机动车出行，后来随着对人类出行与活动的关注，其研究范式由基于机动车（vehicle-based）的范式扩展至基于出行（trip-based）、基于活动（activity-based）、基于态度（attitude-based）、基于动态模型（dynamics-based）的四次研究范式的转变，每种范式都有其数据采集要求（琼斯，2014）。调查由最初的机动车出行调查发展为出行日志（trip-based dairy）、活动日志（activity-based dairy）等多种形式（焦健和王德，2020）。日志调查方法目前是世界各国与地区规模化交通调查的主要方法，调查体系发展较为成熟的包括自 1965 年起的全英出行调查、自 1969 年起的全美家庭出行调查等；我国自 1981 年以来，借鉴国外经验，先后在天津、上海、徐州、沈阳、北京、广州等大中城市的交通综合调查中增设了居民出行日志调查（陆化普，2006）。

地理学者、城市规划学者在时空行为研究中往往需要获取详尽的时空行为轨迹信息，除采用活动日志调查方法外，行为问卷调查与质性访谈是获取时空行为信息的主要方法。一方面，基于不同的空间特征与研究目标设计有针对性地设计调查问卷，学者们在商业空间的消费行为（王德等，2004，2011，2013）与景区游客时空行为（黄潇婷，2009；黄潇婷等，2016）等方面取得了丰富的研究成果。另一方面，对于以研究特定行为特征规律为目标的研究，如迁居行为、交通出行行为、购物行为、休闲行为等，往往需要根据研究目标设计个性化的调查问卷，结合显示性偏好法（revealed preference，RP）与叙述性偏好法（stated preference，SP）等调查技术，获取真实行为信息或虚拟行为选择信息。此外，伴随着时空行为研究时间维度上的拓展，一些研究结合家庭生命周期（life cycle）、生命历程（life course）等理论，基于详尽的个案质性访谈与生命日历调查（life course calendar）等方法获取个体居住选择、交通出行等行为在生命历程中的变化（柴彦威等，2009；Schoenduwe et al.，2015）。

1.2.2 调查内容

伴随着时空行为研究理论与研究主题的不断发展，行为调查涵盖的调查内容十分丰富。不同的研究所需的行为信息有所差异，除样本基本社会经济属性信息外，主要可概括为以下几个方面：①行为时空轨迹，即个体或人群一段时间内到访的地点位置与对应的时间信息。例如，对于商业区、景区等特定空间内的行为调查，即个体或人群在空间内的游览时间与空间轨迹；对于居住行为调查，则通常为个体或家庭以年为时间单位记录的长期迁居轨迹。②活动内容，即个体或人群在特定时空间内发生的活动。可事先根据研究内容对活动类型进行细分，在调查中依据分类对活动进行记录，也可先对观察到的活动进行详细的描述与记录，事后再根据研究目的对活动进行归类。③活动同伴，即“与谁一起活动”，为研究者从社会交往层面理解活动与出行的产生机制提供信息。④工具设备信息，如交通工具、是否使用电子信息设备等。⑤主观感受与评价，对被调查者从活动满意度、实时情绪、空间满意度等方面进行访谈与记录，从真实感受层面直接获取被调查者对空间使用的评价。⑥行为产生的背景信息，调查这类信息的目的是获取被调查个体行为产生的上下文信息，以了解行为产生的原因。例如，景区游客行为调查中从游客以往游览经历、整体出游计划等方面询问了解游客对景区的熟悉程度、景区与游客其他旅游目的地时空衔接关系等信息。⑦惯常活动信息，由于短时间的行为信息具有一定偶然性，不能反映被调查者真实的行为特征与行为习惯，一些调查会对被调查者惯常的活动地点、活动频率、出行方式与时间等方面进行调查。⑧行为偏好信息，除真实的行为信息外，通过设定情景（如政策、空间场景、天气、费用、时间等），研究人们的行为选择及其偏好。例如，通过 SP 调查技术设定由不同的出行时间、交通工具与出行费用组合而成的出行行为选项，观察人们对出行方式的选择。

1.2.3　调查技术

在调查技术形式上，除了在案例地实地发放问卷以外，还包括入户面对面等传统调查、计算机辅助与网络调查、定位技术辅助调查等技术形式，每类方式各有其优缺点（表 1-2）。在传统调查技术中，入户面对面访谈虽然时间、人力成本高，但调查过程具有灵活性、数据质量较高，仍然是大规模居民行为调查的主要方法。计算机辅助与网络调查也是当前应用广泛的技术，美国、英国等地区全国性家庭出行调查主要采用这种技术，这种调查形式通常由电脑按程序抽样拨号，访问员按标准化的访问内容进行访问，与此同时直接将受访者的回答输入计算机数据库中，提高了数据精度（焦健和王德，2020）。网络调查虽然样本代表性受到质疑，在大规模调查中一般作为补充调查，但在 SP 调查中有很好的应用价值（Iragüen and de Dios Ortúzar，2004）。定位技术辅助调查要求被调查者携带 GPS 设备或下载手机应用程序，实现 5~10min 记录空间位置与时间信息，大大提高行为数据的时空精度，在小规模的行为调查（如公园、景区游客行为调查）中有较好的应用；但由于设备成本高昂，目前在大规模的行为调查中往往作为补充调查形式。

一些研究者对不同调查的精度进行了研究对比。传统回忆式时空轨迹问卷调查与 GPS 作为目前获取行为轨迹的主要调查方式，二者的精度差异及其产生原因引起了学者们的关注。李渊以鼓浪屿游客时空行为调查为例从个体层面路径重合率、行为链匹配度、时间花费匹配度与集合层面的距离差异、空间差异等维度对两种调研手段进行精度对比，发现传统回忆式时空轨迹问卷调查与 GPS 的路径重合率为 30%~50%，行为链精度为 40%~50%，停留时间的相似精度为 20%~50%；在差异原因上，除个体因素外，记忆遗忘、道路复杂、建筑相似、景点众多、业态趋同也是产生差异的主要原因（李渊，2016；李渊等，2017）。尽管 GPS 在数据精度上存在优势，但精度只是数据质量的一个维度；黄潇婷（2014）在颐和园游客的研究中发现传统回忆式调查数据在数据有效率与样本代表性上更具优势。

表 1-2　不同调查技术的优缺点与发展趋势

调查技术		优缺点				发展趋势
		成本	操作难度	样本覆盖	数据质量	
传统调查	面对面	○时间、人力、成本高	○入户困难 ○对调查员要求较高 ★调查灵活性高	★样本代表性较好	★数据质量较好	1. 澳大利亚等地区全国性、地区性大规模调查仍在使用； 2. 结合网络调查、GPS 调查等形成综合的调查技术形式
	留置	★成本相对低	★避免入户问题 ○被调查者自助填写，问卷难以理解 ○无法及时纠正、弥补数据错误与空缺	★样本代表性较好	○数据质量难以保证	
	电话	★成本相对低	★避免入户问题 ○问卷难以在电话中解释清楚，对调查员要求较高 ○有通话时间限制	○排除不使用电话的人群	○数据质量低于面对面调查	1. 移动手机的普及使用降低了样本量； 2. 逐渐发展为计算机辅助电话访问（CATI）、移动手机调查
	邮件	★成本相对低	★避免入户问题 ○被调查者自助填写，问卷难以理解	○排除不使用邮件的人群 ○问卷回收率低	○数据质量难以保证	回收率太低，一般作为补充调查
计算机辅助与网络	计算机辅助电话访问、计算机辅助面访(CAPI)	★成本相对低	★避免入户问题 ★访谈过程标准化 ★简化调查内容 ○对调查员有技术要求	○排除不使用电话的人群	★数据质量较好	广泛使用，美国、英国等地区全国性家庭出行调查使用这种技术形式

续表

调查技术		优缺点				发展趋势
		成本	操作难度	样本覆盖	数据质量	
计算机辅助与网络	网络	★成本相对低	○被调查者自助填写 ★通过问题设置简化调查内容 ★调查进程、质量可及时检测与控制	○排除不使用网络的人群，样本代表性不足	★数据质量较好	由于样本代表性不足，一般作为补充调查； 在 SP 调查上有较好的应用
定位技术	携带 GPS 设备 手机 GPS 手机日志 App	○技术、设备成本高	○设备操作门槛高，未成年人等有操作难度	○排除不使用移动电话的人群	★数据精度高，尤其提升多天行为数据质量，获取行为轨迹 ○GPS 等设备忘记携带或操作不当，导致丢失数据	目前一般为小样本量的调查，因此往往作为补充调查的形式，未来将成为主要调查途径

★代表优点，○代表缺点。

资料来源：焦健和士德，2020

伴随着调查回答率与数据质量的降低，通过综合性的技术形式弥补单一调查形式的缺陷，增大调查样本量，提高数据精度是当下行为问卷调查的发展趋势之一（焦健和王德，2020）。当前，在全国性、地区性的调查中往往采用传统调查、计算机辅助与网络调查同定位技术相结合的综合技术调查形式，如新加坡2012年家庭出行调查（household interview travel survey）由基于智能手机的未来移动性调查（future mobility survey，FMS）与传统调查构成（Doyle et al.，2013）。其中，智能手机在未来行为调查中发展的潜力更大。这一方面是由于手机所有权归属于调查对象自身，能克服成本这一障碍；另一方面是由于用户通常习惯携带自己的手机，能减少行为信息的缺失（Doyle et al.，2013）。

1.2.4 调查抽样

行为调查中的抽样工作主要包括的空间抽样与时间抽样两个方面。对于特定空间内人群的行为调查，如商业综合体内、景区等，需要明确研究范围、空间采样点与不同的调查时间截面，排除干扰研究目的因素。对于特定的行为调查研究，则首先需明确调查目标人群；其次，在空间抽样上，对于大规模的行为调查，如全市居民交通出行调查，可采取分层抽样的方法，将市中心、建成区、规划近郊区与远郊区作为分层依据，设定不同的抽样率，再以划定的交通小区为单元、以户为单位进行等距抽样（张卫华和陆化普，2005）；同时，对于日志调查，还需确定调查的天数；由于工作日与休息日具有不同的活动与出行特征，一般需选取一天工作日与一天休息日进行调查，也有一些调查获取了样本一周的行为数据，以支撑短期动态的时空行为研究（申悦等，2013；吴逸思等，2015）。

1.3 调查方法说明

以下依次对行为调查中较为常见的行为观察法、行为问卷调查法以及日志调查法的调查过程与方法进行说明。

1.3.1 行为观察法

行为观察法不需要与被调查者之间进行接触，是获取行为地图最为传统的方法之一。其应用包括观察建筑室内空间，如住宅、图书馆、购物中心使用者行为特征，以及外部空间，如广场、公园、景区等使用者行为特征等。调查方法主要包括定点观察与移动观察两种形式。

（1）定点观察

定点观察包括调查准备、调查员观察与记录、数据整理与图纸绘制三个环节。首先，在开始任何行为记录之前，需要满足一些基本条件，包括：①必须获得待观察区域的一定比例的准确图纸；②明确界定待观察活动的类型和行为细节；③安排重复观察次数与具体观察时间；④统一记录、编码、计数方式。其次，在实际调查操作过程中，行为记录最常见的方法是系统地写笔记、填写格式化的表格以及拍照摄像，内容包括人群基本属性（年龄、性别等）、人群活动类型、人群活动地点标记等信息（日本建筑学会，1998；戴菲和章俊华，2009）。

以陈义勇和刘卫斌（2015）对深圳北中轴广场调查为例（图 1-1）。首先，明确该调查范围，并将调查区域划分为 20 个亚区；其次，采用反复轮流观测的方法，选取 4 个工作日与周末，分别于 10：00~12：00、12：00~14：00、14：00~16：00 和 17：00~20：00 4 个时间段内进行观察与记录；再次，每位观察者需记录内容包括分配片区 4 个时间断面上的人群活动内容、空间分布、活动者信息（性别、估计的年龄段），并在地图上实时记录活动者的具体位置；最后，利用 ArcGIS 软件，将观察收集的数据和位置信息建立空间数据库，共收集 13468 个活动者行为数据。通过调查，研究者发现广场使用者活动内容及分布受到设施供给及位置、空间边缘与过渡、光照、场地尺度等因素的直接影响，在此基础上提出公共空间设计建议。

（2）移动观察

移动观察往往采用跟踪的方式记录被调查者的行为时空轨迹，具体包括被调查者移动信息（空间路径、交通方式及时间等）与停留信息（停留空间位置、时间、活动内容等）。移动观察调查准备工作与定点观察法相似，但不同的是需要确定跟随的空间起点；然后由调查者全程跟随被调查者并记录其行为直到其离开；最后将个体或群体行为通过平面行为轨迹或三维时空路径实现可视化。其中，由于被调查者行为轨迹包含的信息丰富，往往需提供空间平面图以方便记录员实时绘制被调查者行为轨迹，并结合包含时间、空间、活动内容等信息的行为表格充分记录被调查者的行为信息。

李斌等（2010）对上海两个最大规模的轨道交通枢纽站——人民广场与世纪大道地铁站的乘客行为路径进行了调查（图 1-2）。该调查采用跟踪调查与问卷调查结合的方式记录乘客行为路径：选择 12 名对站点情况不熟悉的被实验者，为每位被实验者制订

深圳北中轴广场使用者分布图

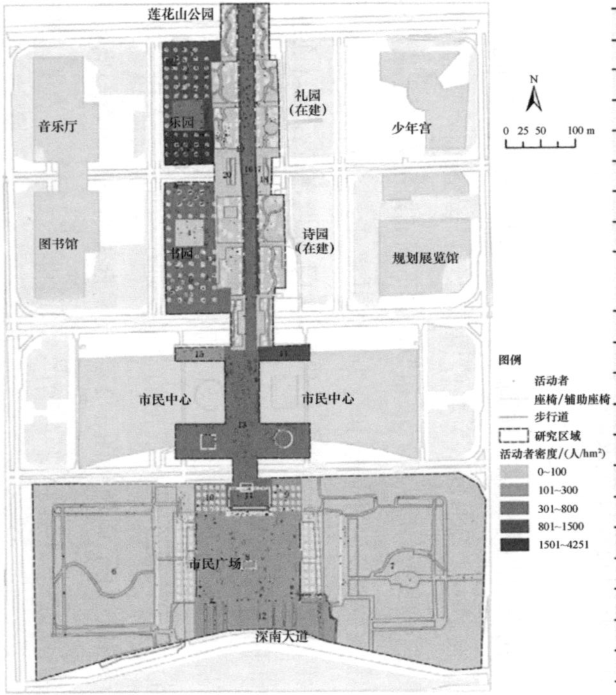

深圳北中轴广场各区域景观特征与活动内容

编号	场地位置	场地特征	主要活动
1	乐园中央空地	空旷铺地	穿行、流动摊贩
2	乐园北部	绿化良好，有辅助座椅	聊天休憩、宣传展销、吹拉弹唱、玩手机、打电话
3	乐园南部	绿化良好，有座椅	现场演奏、漫步、地摊、聊天休憩
4	书园中央空地	空旷广场	穿行
5	书园	绿化良好，有座椅	休憩聊天、地摊、玩手机、打电话、穿行
6	市民广场西侧公园	植被茂盛，有步行道和座椅	漫步、休憩
7	市民广场东侧公园	植被茂盛，有步行道	漫步
8	市民广场	大型铺地广场、开阔、中央为国旗台、两侧花池边缘可坐	穿行、阅读、轮滑滑板、休憩聊天、骑自行车
9	市民广场东北树阵	交通通道，有座椅	休憩聊天
10	市民广场西北树阵	交通通道，有座椅	穿行、休憩
11	市民广场北侧平台	有台阶可通行、可坐	穿行、休憩聊天、遛狗
12	市民广场南侧草地	交通通道	穿行
13	市民中心二楼平台	遮阴，开阔，视野好	穿行、跳舞、拍照观景、轮滑
14	二楼平台东隅	视野好，半围合空间，遮阴	锻炼、休憩、观景、聊天交友
15	二楼平台西隅	视野好，半围合空间，遮阴	拍照观景、跳舞表演
16	二楼平台中央通道	长约500m的通道	漫步、休憩、玩耍、轮滑
17	二楼平台东侧座椅区	有成排的座椅，空间围合	休憩、漫步、聊天
18	二楼平台东侧花园	种植良好，有步行道	休憩、漫步、聊天
19	二楼平台西侧座椅区	有成排的座椅，空间围合	漫步、休憩
20	二楼平台西侧花园	种植良好，有步行道	休憩、漫步、拍照观景

图 1-1 深圳北中轴广场使用者分布与活动记录

资料来源：陈义勇和刘卫斌，2015

被实验者路径图

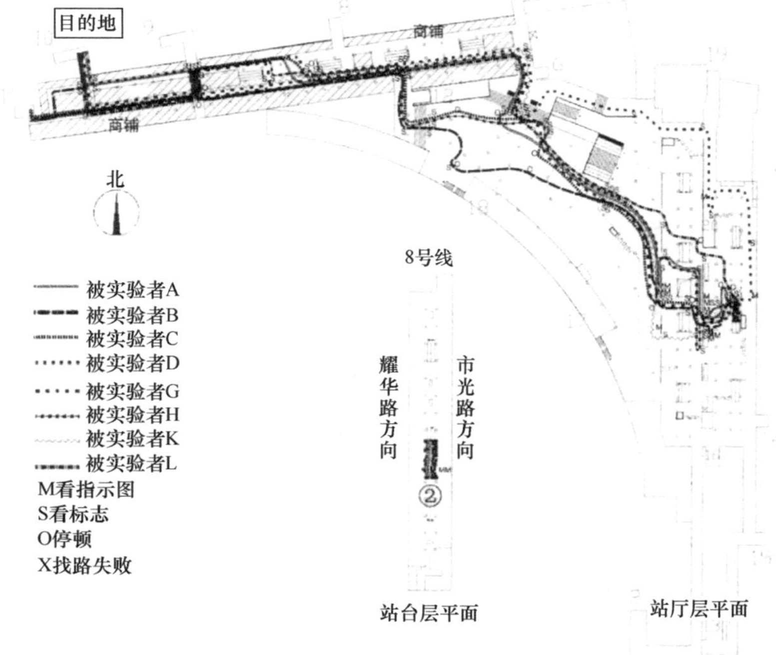

被实验者找路过程信息

被实验者	找路过程耗时	找路过程中的主要行为	行径路线总长度/m	步速/(m/min)	任务完成情况	超越步行率	对自己找路过程的评价	过程中自己的心理感受
A	12min10s	看标识、看指示图、折返、停顿	358	29.3	成功	1.46	较顺利	一般
B	10min50s	看标识、看指示图、折返	372	34.4	成功	1.52	稍显吃力	较轻松
C	13min45s	看标识、看指示图、停顿、折返	408	29.7	成功	1.67	稍显吃力	常常感到困惑
D	9min05s	看标识、看指示图、停顿、折返	378	41.5	成功	1.54	较轻松	一般
…	…	…	…	…	…	…	…	…

图 1-2　部分被实验者行为记录图纸与表格示例

超越步行率=实际步行路径长度/最短步行路径长度

资料来源：李斌等，2010

出站或换乘任务，被实验者依靠指路设施和自己的判断完成任务，其间不允许向他人问路；同时工作人员对被实验者进行跟踪，记录其行走路径信息；以被实验者找到正确目的地或主动放弃任务的时刻作为实验结束时间，每次任务结束后，对被实验者进行访谈与问卷信息填写。调查后以图纸和表格的形式整理出每位被测试者的行为路径，具体包括找路过程耗时、找路过程中的主要行为、行径路线总长度、步速、任务完成情况（成功或失败）、超越步行率、对自己找路过程的评价、过程中自己的心理感受、被实验者路径图等信息。研究通过分析路径探索行为过程中存在的问题及原因，从标识系统、空间布局、空间识别性等方面提出轨道交通枢纽站步行空间的设计原则。

1.3.2 行为问卷调查法

行为问卷调查法需要调查者根据研究内容与研究案例特征事先设计调查问卷，并对目标人群进行问卷发放；其中涉及行为轨迹信息的调查，其问卷设计往往是复杂的，例如，黄潇婷（2009）对北京颐和园游人的时空行为调查、朱玮与魏晓阳（2019）对青岛 2014 年世园会游客时空行为调查、王灿（2017）对上海市五角场万达购物中心消费者行为的调查等；问卷内容除基本社会经济信息外，还包含经过编码与注释的空间信息以及行为记录表格。

由于行为问卷调查中主要通过样本回忆而非实时记录的方式获取被调查者的行为轨迹信息，行为轨迹信息的获取精度将低于移动观察调查法。使用 GPS 设备、WiFi 定位技术可大大提高行为轨迹的精度，但如此又会缺失停留点活动内容等信息，一些研究会采用补充问卷的方式获得活动内容、满意度等信息。以下将分别对回忆式时空行为轨迹调查和实时记录的时空行为轨迹调查进行介绍。

（1）回忆式时空行为轨迹调查

以王灿（2017）对上海市五角场万达购物中心消费者行为调查为例对传统回忆式时空行为轨迹调查进行介绍（图 1-3）。此次调查的目的是通过了解购物中心中消费者的行为特征及其影响机制，对购物中心空间进行评价，提出能提升购物中心空间利用效率的改进措施。调查选择 2015 年 5 月下旬的工作日与休息日进行问卷发放，采取在购物中心出入口随机拦访的方式招募样本，并由被调查消费者填写问卷，受过培训的调查员辅助的方式，获取有效样本 323 个。

在调查问卷设计上，问卷包括个人信息、过往行为习惯信息、本次活动基本信息、本次活动体验与满意度信息以及本次活动行为链信息五个部分（图 1-3）。个人信息除年

Part1:个人信息

①年龄②性别③学历④家庭⑤居住地……

Part2:过往行为习惯信息

①到访购物中心的频率

②熟悉哪些商店

③常去哪些商店

④附近商业广场是否常去

……

Part3:本次活动基本信息

来到购物中心的:

①主要目的

②出行同伴

③出发地

④交通方式

⑤出发、到达时间

⑥计划离开时间

⑦是否有计划的目的与商店

……

Part4:本次活动体验与满意度信息

①整体满意度

②是否有计划的目的与商店

③功能与业态、品牌满意度

④设施满意度

……

Part5:本次活动行为链信息

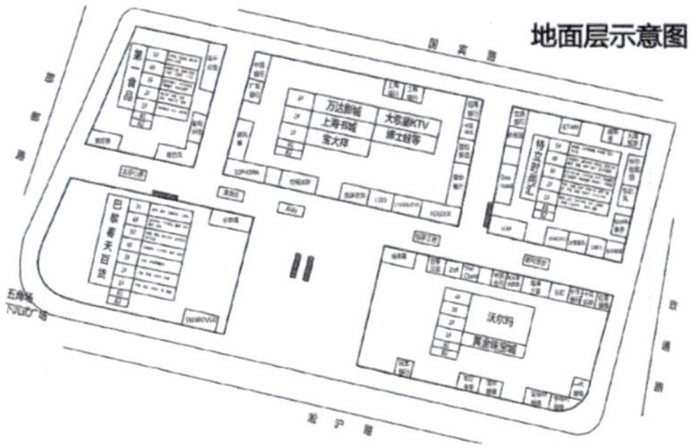

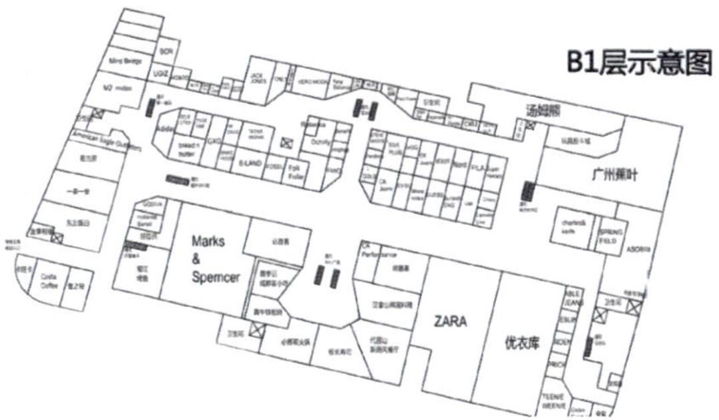

说明：请对应上图，将消费者本次的行为过程填入本表。

顺序	入口		1		2		3
起始时刻							
位置		1、同层 2、电梯上 3、电梯下 4、扶梯上 5、扶梯下 6、楼梯上 7、楼梯下		1、同层 2、电梯上 3、电梯下 4、扶梯上 5、扶梯下 6、楼梯上 7、楼梯下		1、同层 2、电梯上 3、电梯下 4、扶梯上 5、扶梯下 6、楼梯上 7、楼梯下	
楼层							
区域							
活动内容							
停留时间							
消费额（约）							
计划目的?							
计划地点?							

顺序	7		8		9		10
起始时刻							
位置		1、同层 2、电梯上 3、电梯下 4、扶梯上 5、扶梯下 6、楼梯上 7、楼梯下		1、同层 2、电梯上 3、电梯下 4、扶梯上 5、扶梯下 6、楼梯上 7、楼梯下		1、同层 2、电梯上 3、电梯下 4、扶梯上 5、扶梯下 6、楼梯上 7、楼梯下	
楼层							
区域							
活动内容							
停留时间							
消费额（约）							
计划目的?							
计划地点?							

图 1-3　上海市五角场万达购物中心消费者行为问卷调查

资料来源：王灿，2017

龄、性别、学历、家庭等基本信息外，还包括调查者居住地信息，以了解购物中心消费者的空间来源；过往行为习惯信息包括到访购物中心的频率、熟悉哪些商店、常去哪些商店等购物习惯信息；本次活动基本信息包括此次来到购物中心的主要目的、出行同伴、出发地、交通方式等信息；本次活动体验与满意度信息包括整体满意度、设施满意度等信息以获取被调查者对购物设施的主观评价信息；最后，本次活动行为链信息部分，也是调查最重要的部分，需要被调查者逐一回忆在购物中心的行为路径与停留信息。

（2）实时记录的时空行为轨迹调查

以李渊（2016）对厦门鼓浪屿游客的时空行为调查为例对基于新型数据采集方法的实时行为轨迹调查方法进行介绍（图 1-4）。该调查采用手持 GPS 追踪设备的方式获取被试者的旅游时空行为信息和个人属性信息。调查中给愿意配合调查的游客发放一个手持 GPS 设备，设置每 10s 定位一次，在游客游览前于码头发放设备与问卷，在游客参观结束后于各码头回收。最终获取 312 条旅游者时空行为 GPS 追踪轨迹。研究者基于行为轨迹数据与问卷数据对游客行为进行可视化分析、模型分析与仿真分析。

图 1-4　厦门鼓浪屿游客 GPS 数据及其时空路径可视化表达

资料来源：李渊，2016

1～10 为停留序号

1.3.3 日志调查法

日志调查法被认为是目前技术水平下大量采集居民活动——移动时空数据最为有效的方法之一。日志调查形式主要包括出行日志、活动日志、时间利用日志（time-use dairy）等多种形式；日志调查的核心内容为居民在调查日（一天 24h 或多天）内所有与研究相关的活动和出行及其时空间信息、活动同伴等信息（柴彦威等，2009）。

在日志设计上，不同类型日志虽在形式上十分相似，但由于概念界定与调查目的不同，不同类型日志在问题组织上有很大差异（图 1-5）。出行日志调查信息的主体为户外出行行为，不直接获取室内活动信息；问卷问题组织往往是出行目的地、出发与到达时间、出行目的、交通方式的询问次序。活动日志调查信息的主体则为活动及活动派生的出行行为，可获取较为全面的室内外活动信息；问题组织次序则一般为活动内容、活动起止时间、活动地点及对应出行交通换乘、总体交通时耗等信息。时间利用日志调查信息的主体则侧重个体 24h 活动与出行发生的次序与时间分配，将活动与出行看作平行的行为单元，采用日程安排表格日志（day-planner-format dairy）的形式，要求被调查者在规定时间间隔（如将 24h 以 10min 间隔进行划分）或时间自由填写的表格中填写所有的活动与出行信息（焦健和王德，2020）。

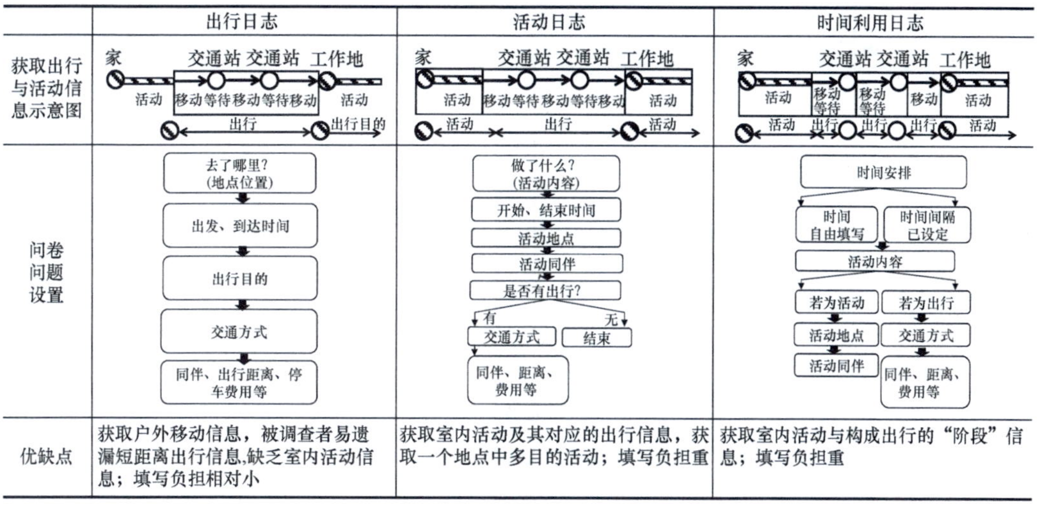

图 1-5 日志类型及其调查内容

资料来源：焦健和王德，2020

日志设计要求研究者首先要明确需要获得哪些行为信息，然后选取适宜的日志类型。若仅需要获取交通出行信息，则可采用出行日志；若希望获得详尽的室内活动信息，则可选择活动日志或时间利用日志。由于活动日志与时间利用日志的复杂性及高成本，一些研究仍使用出行日志的形式，通过出行目的、出发时间、到达时间等信息推断活动信息（焦健和王德，2020）。

这里以柴彦威（2014）在北京进行的居民活动日志调查为例对日志调查方法进行说明。该调查主要采用面对面调查的方式，对北京市空间与时间进行抽样后，在居委会或物业公司协助下进行问卷发放。问卷设计采用活动与出行分离的日志表样式（图 1-6）；其中调查表左边为活动属性部分，要求被调查者依次回答每个活动的起止时间、活动类型、活动具体地址、活动地点类型、活动同伴以及互联网使用情况等；调查表右边为出行属性部分，如果被调查者为了执行活动产生了出行，则需要填写出行同伴、出行距离、出行总时间及交通工具信息。调查以家庭为单元进行问卷填写，最终回收 520 户有效问卷（柴彦威，2014）。

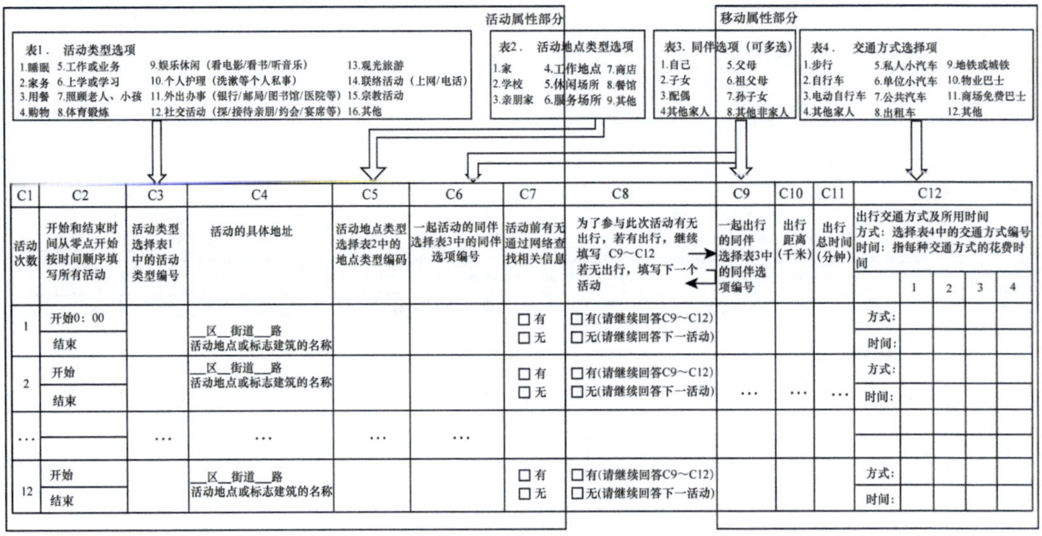

图 1-6 北京市民活动日志调查问卷设计

资料来源：柴彦威，2014

参 考 文 献

柴彦威. 2014．空间行为与行为空间. 南京：东南大学出版社.

柴彦威, 陈零极. 2009. 中国城市单位居民的迁居：生命历程方法的解读. 国际城市规划, (5): 11-18.

柴彦威, 张文佳, 张艳, 等. 2009. 微观个体行为时空数据的生产过程与质量管理——以北京居民活动日志调查为例. 人文地理, (6): 1-9.

陈义勇, 刘卫斌. 2015. 使用者行为视角的城市大型公共空间设计研究——以深圳北中轴广场为例. 中国园林, (7): 114-118.

戴菲, 章俊华. 2009 规划设计学中的调查方法 4——行动观察法. 中国园林, 25(2): 55-59.

黄潇婷. 2009. 基于时间地理学的景区旅游者时空行为模式研究——以北京颐和园为例. 旅游学刊. (6): 83-88.

黄潇婷. 2014. 基于 GPS 与日志调查的旅游者时空行为数据质量对比. 旅游学刊, 29(3): 100-106.

黄潇婷, 李玟璇, 张海平, 等. 2016. 基于 GPS 数据的旅游时空行为评价研究. 旅游学刊, 31(9): 41-49.

焦健, 王德. 2020. 从出行到活动: 国外时空行为调查的演变与发展. 国际城市规划, (3): 34-41.

李斌, 陈晔, 秦丹尼. 2010. 上海轨道交通枢纽站路径探索研究. 建筑学报, (S2): 129-134.

李道增. 1999. 环境行为学概论. 北京: 清华大学出版社.

李渊. 2016. 基于 GPS 的景区旅游者空间行为分析——以鼓浪屿为例. 北京: 科学出版社.

李渊, 王秋颖, 王德. 2017. GPS 与回忆日志在旅游者空间行为上的精度比对——鼓浪屿实证研究. 旅游学刊, 32(8): 81-92.

陆化普. 2006. 交通规划理论与方法. 北京: 清华大学出版社.

琼斯 P. 2014. 近 50 年来国际交通研究与政策议程中的范式演进柴彦威. 时空间行为研究前沿. 南京: 东南大学出版社.

日本建筑学会. 1998. 应用于建筑・城市规划的调查分析方法. 东京: 井上书院.

申悦, 柴彦威, 郭文伯. 2013. 北京郊区居民一周时空间行为的日间差异. 地理研究, (4): 701-710.

王灿. 2017. 基于行为分析的商业综合体空间优化研究——以五角场万达广场为例. 上海: 同济大学.

王德, 李光德, 朱玮, 等. 2013. 苏州观前商业街区消费者行为模型构建与应用. 城市规划, (9): 28-33, 66.

王德, 农耘之, 朱玮. 2011. 王府井大街的消费者行为与商业空间结构研究. 城市规划, (7): 43-48, 60.

王德, 朱玮, 黄万枢. 2004. 南京东路消费行为的空间特征分析. 城市规划学刊, (1): 31-36.

吴逸思, 柴彦威, 郭文伯. 2015. 基于巡回的郊区居民一周出行行为日间差异——以北京市上地—清河地区为例. 人文地理, (6): 27-33.

张卫华, 陆化普. 2005. 城市交通规划中居民出行调查常见问题及对策. 城市规划学刊, (5): 90-94.

赵渺希, 钟烨, 王世福, 等. 2014. 不同利益群体街道空间意象的感知差异——以广州恩宁路为例. 人文地理, 29(1): 72-79.

朱玮, 魏晓阳. 2019. 基于时间效用模型的大型展会游客时空行为模式——以 2014 青岛世园会为例. 旅游学刊, 34(1): 73-81.

Doyle C C, Pereira F C, Zhao F, et al. 2013. The future mobility survey: Experiences in developing a smartphone-based travel survey in Singapore. Transportation Research Record Journal of the Transportation Research Board, 2354: 59-67.

Ge J, Hokao K. 2005. Applying the methods of image evaluation and spatial analysis to study the sound environment of urban street areas. Journal of Environmental Psychology, 25(4): 455-466.

Iragüen P, de Dios Ortúzar J. 2004. Willingness-to-pay for reducing fatal accident risk in urban areas: An Internet-based Web page stated preference survey. Accident Analysis & Prevention, 36(4): 513-524.

Ittelson W H, Rivlin L G, Proshansky H M. 1970. The use of behavioral maps in environmental psychology// Prohansky H M, Ittelson W H, Rivlin L G. Environmental Psychology: Man and his Physical Setting. New York: Holt, Rinehart&Winston: 658-668.

Schoenduwe R, Mueller M G, Peters A, et al. 2015. Analysing mobility biographies with the life course calendar: A retrospective survey methodology for longitudinal data collection. Journal of Transport Geography, 42: 98-109.

第 2 章

选择行为模型

2.1 概　要

个体的许多行为都可以被归结为“选择”的结果，如选择交通方式、选择居住地、选择公共设施等。因此，理解个体选择是行为分析的重要课题。在收集了选择行为数据以后，研究者可能试图定量解释选择背后的决策机制：哪些因素对于决策产生显著的影响，影响的方向（正/负）和程度如何等。进一步利用已经发现的决策机制，研究者可以预测个体在新环境下的选择结果，从而为规划设计政策、方案的制订提供更加客观和科学的依据。

由于选择数据的特殊性，上述任务无法通过一般的回归模型实现。在定量研究方法中，有一类特别针对选择行为的模型集，称为离散选择模型（discrete choice model，DCM），其包括了一系列不同复杂度、针对不同问题需要的具体模型形式。Logit 模型是其中最基本的形式，由于具有技术门槛低、易于实现、形式简洁、结果稳健等优点，在实践中也最为常用。一般所指的 Logit 模型为多项 Logit（multinomial Logit，MNL）模型，或被称为条件 Logit（conditional Logit，CL）模型，该模型不同于更复杂的嵌套 Logit（nested Logit，NL）模型和混合 Logit（mixed Logit，MXL）模型。

2.2 基 本 原 理

Logit 模型建立被解释变量——备选项的选择概率（probability，P）与相应解释变量（x）的定量关系，其中，备选项的效用（utility，U）扮演了中介的角色。效用是反映备选项满足选择者需求程度的抽象概念，效用越高的备选项被选择的概率越大。效用包括可见效用（V）和误差项（ε）两部分：可见效用与解释变量的关系通常假定为线性的[图 2-1，式（2-1）]；选择概率与可见效用之间的关系是非线性的，其具体形式取决于误差项的分布，Logit 模型假定误差服从耿贝尔分布（Gumble distribution），由此可以得到一个非常简洁的“效用→概率”公式[图 2-1，式（2-2）]。

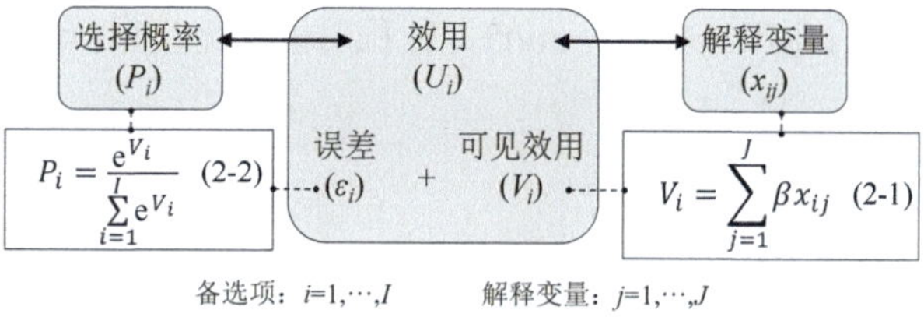

图 2-1　Logit 模型的基本原理

Logit 模型的主要估计结果是解释变量的系数 β，通过对其符号、绝对值、显著性的分析，可以知道各变量对于个体选择是否产生了有统计意义的影响，如果有，那这种影响是正向还是负向的，影响的强度有多大，变量之间有怎么样的等效用关系。利用估计出的 β，还可以写出具体的效用公式，代入解释变量的取值后计算效用，并进一步推算出选择概率，从而进行预测。

目前可用于估计 Logit 模型的通用统计软件包括 SAS、Stata、R、Python 等，此外，NLOGIT 和 Biogeme 是针对选择模型的专用软件。

2.3　方法解说

以下以 NLOGIT 软件中的一个交通方式选择的案例解说 Logit 模型分析的具体过程。研究者收集了 210 位出行者在某次出行时对航空（Air）、火车（Train）、巴士（Bus）、小汽车（Car）这 4 种交通方式的选择结果，以及每种交通方式对应的站点等候时间、行程时间、行程费用，试图用这些变量解释选择结果。数据的格式如表 2-1 所示。可以看到，Logit 模型所需的选择数据的格式较为特殊：第（1）列为样本编号，1 个样本代表 1 次选择，与大多数数据表中每个样本只有 1 行记录不同，这里的每个样本一般需占用多行，其中每 1 行对应 1 个备选项，其各自的名称位于第（2）列，对于本例的 210 个样本，由于每个样本均有 4 个备选项，因此数据的总行数为 210×4=840，实际中不同样本的备选项个数可以不一致；第（3）列为模型的因变量——选择结果，以 1 和 0 分别表示选中和未选中，本例中加粗显示了每个样本的选择结果，分别为小汽车、小汽车、火车、航空、巴士，需要特别注意的是，Logit 模型中每个样本必须选择 1 个备选项，不能不选或多选，即对于相同样本编号的多行数据，选择结果中必须有且只能有一个为 1，其余均为 0；第（4）～（6）列为解释变量，分别列出了每次选择中，4 种交通方式不同的站点等候时间（TIME，单位：min）、行程时间（INVT，单位：min）、行程费用（INVC，单位：元）。

表 2-1　Logit 模型数据：出行者的交通方式选择

样本编号（1）	备选项（2）	选择结果（3）	TIME（4）	INVT（5）	INVC（6）
1	Air	0	69	100	59
1	Train	0	34	372	31
1	Bus	0	35	417	25
1	Car	**1**	0	180	10
2	Air	0	69	125	115
2	Train	0	34	892	98
2	Bus	0	35	882	53
2	Car	**1**	0	720	23
3	Air	0	69	100	59
3	Train	**1**	40	345	20
3	Bus	0	35	417	13
3	Car	0	0	284	12
4	Air	**1**	45	115	148
4	Train	0	34	945	111
4	Bus	0	35	935	66
4	Car	0	0	821	36
5	Air	0	69	129	103
5	Train	0	34	925	88
5	Bus	**1**	10	790	30
5	Car	0	0	887	50

对上述数据建立 Logit 模型，各备选项的效用定义如下。式（2-3）中，β_{TIME}、β_{INVT}、β_{INVC}分别为站点等候时间、行程时间、行程费用的系数，反映了这 3 个自变量对选择结果的影响。β_{Air}、β_{Train}、β_{Bus}均为常数项，显然，与一般线性回归中只有 1 个常数项不同，Logit 模型中每个备选项都对应不同的常数项，因此被称为备选项特定的常数项（alternative-specific constant，ASC）。本案例中的 4 个备选项对应了 3 个常数项，其隐含设定是 $\beta_{\mathrm{Car}}=0$，即把小汽车作为参照水平，β_{Air}、β_{Train}、β_{Bus}分别测度了航空、火车、巴士与小汽车的固有效用差异。一般地，有 N 个备选项时即应当有 N–1 个常数项，这一点与虚拟变量的设置是相同的。上述的固有效用差异是指未被上述 3 个自变量所解释但

又客观存在的效用差的平均水平。换句话说，即使两种交通方式的站点等候时间、行程时间、行程费用完全相同，但由于班次、舒适度、灵活性等其他未纳入模型要素的影响，它们的效用水平也可能是不同的。

$$\begin{aligned}V_{\text{Air}} &= \beta_{\text{Air}} + \beta_{\text{TIME}}\text{TIME}_{\text{Air}} + \beta_{\text{INVT}}\text{INVT}_{\text{Air}} + \beta_{\text{INVC}}\text{INVC}_{\text{Air}}\\ V_{\text{Train}} &= \beta_{\text{Train}} + \beta_{\text{TIME}}\text{TIME}_{\text{Train}} + \beta_{\text{INVT}}\text{INVT}_{\text{Train}} + \beta_{\text{INVC}}\text{INVC}_{\text{Train}}\\ V_{\text{Bus}} &= \beta_{\text{Bus}} + \beta_{\text{TIME}}\text{TIME}_{\text{Bus}} + \beta_{\text{INVT}}\text{INVT}_{\text{Bus}} + \beta_{\text{INVC}}\text{INVC}_{\text{Bus}}\\ V_{\text{Car}} &= \beta_{\text{TIME}}\text{TIME}_{\text{Car}} + \beta_{\text{INVT}}\text{INVT}_{\text{Car}} + \beta_{\text{INVC}}\text{INVC}_{\text{Car}}\end{aligned} \tag{2-3}$$

在上述效用定义的基础上，4 种交通方式的选择概率式分别如下：

$$\begin{aligned}P_{\text{Air}} &= \frac{e^{V_{\text{Air}}}}{e^{V_{\text{Air}}}+e^{V_{\text{Train}}}+e^{V_{\text{Bus}}}+e^{V_{\text{Car}}}} \quad P_{\text{Train}} = \frac{e^{V_{\text{Train}}}}{e^{V_{\text{Air}}}+e^{V_{\text{Train}}}+e^{V_{\text{Bus}}}+e^{V_{\text{Car}}}}\\ P_{\text{Bus}} &= \frac{e^{V_{\text{Bus}}}}{e^{V_{\text{Air}}}+e^{V_{\text{Train}}}+e^{V_{\text{Bus}}}+e^{V_{\text{Car}}}} \quad P_{\text{Car}} = \frac{e^{V_{\text{Car}}}}{e^{V_{\text{Air}}}+e^{V_{\text{Train}}}+e^{V_{\text{Bus}}}+e^{V_{\text{Car}}}}\end{aligned} \tag{2-4}$$

对于上述 Logit 模型，通常使用最大似然法（maximum likelihood estimation，MLE）进行估计，其基本原理是：当使用一组理想的模型系数计算选择概率时，那些实际被选中的备选项的预测概率应当尽可能高。以表 2-1 中的样本 1 为例，该样本的选择结果为小汽车，根据式（2-3）和式（2-4）可以计算样本 1，选择小汽车的预测概率 $P_{\text{Car},1}$ 如式（2-5）。如果只有这一个样本，那么模型求解的过程就是到找一组 β 使得式（2-5）取得最大值。

$$P_{\text{Car},1} = e^{\beta_{\text{TIME}}\times 0+\beta_{\text{INVT}}\times 180+\beta_{\text{INVC}}\times 10} \Bigg/ \left(\begin{aligned} & e^{\beta_{\text{Air}}+\beta_{\text{TIME}}\times 69+\beta_{\text{INVT}}\times 100+\beta_{\text{INVC}}\times 59}\\ & +e^{\beta_{\text{Train}}+\beta_{\text{TIME}}\times 34+\beta_{\text{INVT}}\times 372+\beta_{\text{INVC}}\times 31}\\ & +e^{\beta_{\text{Bus}}+\beta_{\text{TIME}}\times 35+\beta_{\text{INVT}}\times 417+\beta_{\text{INVC}}\times 25}\\ & +e^{\beta_{\text{TIME}}\times 0+\beta_{\text{INVT}}\times 180+\beta_{\text{INVC}}\times 10}\end{aligned}\right) \tag{2-5}$$

当然，实际有 210 个样本，估计中需要使得所有 210 个被选中备选项的综合选择概率最高。为此，需要类似地计算第 2 个样本选择小汽车的概率 $P_{\text{Car},2}$、第 3 个样本选择火车的概率 $P_{\text{Train},3}$、第 4 个样本选择航空的概率 $P_{\text{Air},4}$、第 5 个样本选择巴士的概率 $P_{\text{Bus},5}$……然后将所有这样的 210 个概率连乘起来，其结果即为模型的似然值（likelihood），最大似然法的目的是找到使此似然值最大的一组 β。由于这种连乘的形式不利于运算，通常将其取自然对数后，变成连加的形式，该结果即为模型的对数似然值（log-likelihood，LL），如式（2-6），式中 P_n 为模型预测的第 n 个样本选择其实际选中的备选项的概率（即

$P_1=P_{Car,1}$，$P_3=P_{Train,3}$）。由于 P_n 作为概率的取值范围均为 0～1，因此有 $\ln(P_n)\leqslant 0$，使得对数似然值的取值为负，其值越大（或绝对值后的正数越小），表明模型对数据的拟合程度越高；其理论上的最大值为 0，意味着模型以 100%的概率完美命中了每个样本的实际选中结果，当然这种情况几乎不可能发生。

$$\mathrm{LL}=\ln(\prod_{n=1}^{210}P_n)=\sum_{n=1}^{210}\ln\left(P_n\right) \tag{2-6}$$

利用统计软件对该模型进行估计，结果如表 2-2 和表 2-3 所示。

表 2-2　Logit 模型估计结果一：出行者的交通方式选择

参数	结果	参数	结果
样本量（N）	210	变量个数（K）	6
对数似然值（LL）	–192.89	r^2	0.3374

表 2-3　Logit 模型估计结果二：出行者的交通方式选择

变量	系数（coefficient）	标准误（S.E.）	z 值	相伴概率（p 值）
β_{TIME}	–0.0969	0.0103	–9.37	<0.0001
β_{INVT}	–0.0040	0.0085	–4.70	<0.0001
β_{INVC}	–0.0139	0.0067	–2.09	0.0365
β_{Air}	4.7399	0.8675	5.46	<0.0001
β_{Train}	3.9532	0.4686	8.44	<0.0001
β_{Bus}	3.3062	0.4583	7.21	<0.0001

从表 2-2 可看出本模型的样本量、变量个数、对数似然值、r^2。一般而言，增加样本量有利于减少参数的估计误差，提高显著性。引入更多变量有利于改善模型拟合效果，但同时以提高复杂度为代价。本模型的对数似然值为–192.89，可以从式（2-6）的定义出发，按式（2-7）反推出每次选择的平均预测准确率：

$$\overline{P}=\mathrm{e}^{\frac{\mathrm{LL}}{N}}=\mathrm{e}^{\frac{-192.89}{210}}\approx 40\% \tag{2-7}$$

虽然这一准确率看似不高，但已经较“零模型”有了很大改善。零模型通常指没有任何解释变量和参数的模型，可以理解为完全随机选择，对于本案例中的 4 个选项，这种“瞎猜”的方式只能获得 $\overline{P_0}=1/4=25\%$ 的平均预测准确率。

Logit 模型的另一项重要指标——r^2 反映了实际估计的模型与上述零模型相比，对数似然值提升的程度。根据式（2-6）的定义，零模型的对数似然值 LL_0 可以按式（2-8）计算：

$$LL_0 = N \times \ln\left(\overline{P_0}\right) = 210 \times \ln\left(\frac{1}{4}\right) \approx -291.12 \tag{2-8}$$

进而，Logit 模型的 r^2 由式（2-9）计算：

$$r^2 = 1 - \frac{LL}{LL_0} = 1 - \frac{-192.89}{-291.12} \approx 0.3374 \tag{2-9}$$

对数似然值和 r^2 是一般统计软件输出的最常见的拟合优度指标，但后者更加流行。这是因为对数似然值的尺度会受到样本量的影响，而 r^2 消除了这种影响，其取值范围被归一化至 0～1，取值越大，拟合优度越高，因此在利用时更加直观、方便；另外，r^2 在一般线性回归中作为拟合优度指标被广泛使用，因此更易于被接受。但需要注意的是，从式（2-9）中可以看到，Logit 模型中的 r^2 与一般线性回归中被称为样本决定系数的 r^2 在计算方法上截然不同，因此在 Logit 模型中，不能类似地将其解释为因变量的变异被模型解释的比例，由于这样的不同，Logit 模型中的 r^2 也常被称为伪 r^2（pseudo r^2）。相应地，在判断 r^2 的高低时，不能照搬一般线性回归的标准，Logit 模型的 r^2 一般远低于一般线性回归模型。根据经验，$r^2>0.1$ 时拟合优度即可以接受，$r^2>0.2$ 即已达到不错的水平，本案例中 $r^2>0.3$，拟合效果良好。

表 2-2 中的系数是控制了模型中的其他自变量以后，各解释变量和常数项对个体选择施加影响的平均水平，也是效用定义式[式（2-3）]中各系数的取值。将系数代回式（2-3），即得到 4 种交通方式的效用公式分别如下：

$$\begin{aligned}
V_{Air} &= 4.7399 - 0.0969\text{TIME}_{Air} - 0.0040\text{INVT}_{Air} - 0.0139\text{INVC}_{Air} \\
V_{Train} &= 3.9532 - 0.0969\text{TIME}_{Train} - 0.0040\text{INVT}_{Train} - 0.0139\text{INVC}_{Train} \\
V_{Bus} &= 3.3062 - 0.0969\text{TIME}_{Bus} - 0.0040\text{INVT}_{Bus} - 0.0139\text{INVC}_{Bus} \\
V_{Car} &= -0.0969\text{TIME}_{Car} - 0.0040\text{INVT}_{Car} - 0.0139\text{INVC}_{Car}
\end{aligned} \tag{2-10}$$

系数的正负符号和绝对值大小反映了该变量影响的方向和强度，其角色与一般的线性回归系数相似。本案例中，站点等候时间（β_{TIME}）、行程时间（β_{INVT}）、行程费用（β_{INVC}）的系数均为负，表明它们均对选择具有负效应，两种时间和费用的增加都会导致效用的下降（线性），进而导致选择概率的下降（非线性），显然，这样的结果是符合常识和预期的；比较它们的绝对值大小可见，$|\beta_{TIME}|$ 比 $|\beta_{INVT}|$ 高得多，由于这两个变量都是以 min 为单位的时间，因此可以判断个体对站点等候时间的敏感性比行程时间大得多；另外，虽然可以类似地比较 $|\beta_{INVC}|$ 与两个时间变量系数的数值关系，但由于费用与时间的量纲不同，

不宜简单地得出哪一方更重要的结论。在常数项方面，航空（β_{Air}）、火车（β_{Train}）、巴士（β_{Bus}）的系数均为正，表明在控制了站点等候时间、行程时间、行程费用后（即假定4 种交通方式的站点等候时间、行程时间、行程费用完全相同），上述 3 种交通方式与小汽车这一参照交通方式相比固有效用更高，进一步比较 3 个常数项的大小可知，航空的固有效用最高，其次为火车，再次为巴士，小汽车最低。注意到小汽车与其他 3 种交通方式相比固有效用落后较多，从时间和费用之外寻找原因的话，这可能是由于小汽车需要自己驾驶较为劳累；另外，火车与巴士的固有效用最为接近，这也是可以想象的，因为二者同属于在地面运行的公共交通方式，在控制时间和费用的影响之后最为接近。

此外，对于上述模型系数的最常见的解释方式之一是计算支付意愿（willingness to pay，WTP），其等于某个变量 x 的系数与价格系数的比值，含义为个体为 x 每一个单位的减少所愿意支付的价格。例如，站点等候时间的支付愿意为 $\beta_{\text{TIME}}/\beta_{\text{INVC}}=(-0.0969)/(-0.0139)\approx6.97$，意味着个体平均愿意为站点等候时间每 1min 的减少额外支付 6.97 元；类似地，行程时间的支付意愿为 $\beta_{\text{INVT}}/\beta_{\text{INVC}}=(-0.0040)/(-0.0139)\approx0.29$，表明个体平均仅愿意为行程时间每 1min 的减少额外支付 0.29 元；支付愿意的概念也可以推广到非价格要素。例如，可以计算站点等候时间对行程时间的支付意愿为 $\beta_{\text{TIME}}/\beta_{\text{INVC}}=(-0.0969)/(-0.0040)\approx24.23$，表明个体平均愿意为站点等候时间每 1min 的减少而忍受行程时间 24.23min 的增加。

表 2-2 中的标准误（standard error，S.E.）所表征的是样本数据的随机性所带来的误差给各个系数估计的精确性和信心造成的影响。后一列的 z 值是对各系数进行假设检验的检验统计量，其原假设是：某个系数的均值与 0 没有显著差异。z 值可通过系数与标准误相除得到。显然，系数绝对值越大（即作用越强），误差越小（即估计越精确），z 值的绝对值就越大，该系数越具有统计显著性。一般地，当$|z|>1.96$ 时，系数即已经在 5%的水平下显著，研究者亦可以通过检查与 z 值相对应的相伴概率（或称为 p 值、sig 值）更方便地判断显著性：一般以 0.05 作为标准，如果 $p<0.05$，即判断在 5%的水平下显著，亦可以使用 0.01（1%）、0.1（10%）作为更加严格、宽松的显著性标准；如果 $p>0.1$，通常认为系数不显著，即与 0 没有显著差异，其对选择的影响在统计意义上可以忽略。显然，本案例中，所有变量都在 5%的水平下显著，事实上，除了行程费用（p=0.0365）以外，其他变量均在 1%的水平下显著。

再将上述效用结果代入式（2-4）中，即可计算 Logit 模型预测的样本 1 选择 4 种交通方式的概率，如式（2-11）。该样本实际选择了小汽车，而模型预测的选择小汽车的概率为 48.56%，在 4 个概率结果中最高，可见 Logit 模型可以较准确地预测到样本 1 的选择结果。

$$
\begin{aligned}
P_{\mathrm{Air},1} &= \mathrm{e}^{-3.1656} \Big/ \left(\mathrm{e}^{-3.1656} + \mathrm{e}^{-1.2582} + \mathrm{e}^{-2.0984} + \mathrm{e}^{-0.8582}\right) = 4.83\% \\
P_{\mathrm{Train},1} &= \mathrm{e}^{-1.2582} \Big/ \left(\mathrm{e}^{-3.1656} + \mathrm{e}^{-1.2582} + \mathrm{e}^{-2.0984} + \mathrm{e}^{-0.8582}\right) = 32.55\% \\
P_{\mathrm{Bus},1} &= \mathrm{e}^{-2.0984} \Big/ \left(\mathrm{e}^{-3.1656} + \mathrm{e}^{-1.2582} + \mathrm{e}^{-2.0984} + \mathrm{e}^{-0.8582}\right) = 14.05\% \\
P_{\mathrm{Car},1} &= \mathrm{e}^{-0.8582} \Big/ \left(\mathrm{e}^{-3.1656} + \mathrm{e}^{-1.2582} + \mathrm{e}^{-2.0984} + \mathrm{e}^{-0.8582}\right) = 48.56\%
\end{aligned}
\tag{2-11}
$$

用同样的方法分别计算表 2-1 中的 5 个样本各自选择 4 种交通方式的概率，并以概率最高的交通方式作为每个样本的预测选择结果，如表 2-4 所示。模型正确预测了 1、2、4、5 号样本的选择结果，但在 3 号样本上，模型预测其选择小汽车，而实际选择结果为火车。

表 2-4　利用 Logit 模型预测选择概率：出行者的交通方式选择　（单位：%）

样本	交通方式			
	Air	Train	Bus	Car
1	4.83	32.55	14.05	48.56*+
2	20.51	16.41	15.18	47.90*+
3	6.34	30.99*	21.78	40.89+
4	74.17*+	5.96	5.51	14.36
5	6.00	4.16	85.59*+	4.25

*表示实际选择结果，+表示预测选择结果。

最后需要指出的是，上述 Logit 模型中纳入 ASC——备选项特定常数项（β_{Air}、β_{Air}、β_{Air}）的方式并非在所有情况下都是必要的。是否纳入 ASC 主要取决于研究者对这一问题的判断：除了模型中引入的解释变量以外，各备选项之间是否在其他方面还存在不容忽视的系统性差异？

如果答案是肯定的，那么就应当纳入 ASC 以反映这种差异，如同在本案例中，即使不考虑时间和花费上的差别，航空、火车、巴士、小汽车这 4 种交通方式——就像 4 张不同的标签一样——本身就代表了一定的选择偏好，如果不纳入 ASC 的话，模型的 r^2 将会从 0.3374 骤降至 0.1520，更严重的是，行程费用的系数 β_{INVC} 将变为正的 0.0089，且在 10%的水平下显著，而这种“费用越高、越容易被选中”的正向效应难以解释。显然，此时的模型因为关键变量的遗漏而发生了偏差。

相反，如果答案是否定的，那么可以考虑不纳入 ASC，则个体对于不同备选项的全部偏好差异将被归因于它们在解释变量上的不同水平。

2.4 应 用 案 例①

【摘要】 为了应对 2010 年上海世博会的庞大客流，需要在规划设计阶段就考虑参观者的分布和流动情况。为此，通过网上虚拟参观调查，获得参观者的行为数据，希望通过对该数据的定量分析，解释游客在世博会参观过程中连续的目的地选择行为，明确该行为受到哪些空间和功能要素的影响，影响方式如何。

【解说】 研究将整个世博会园区分为 55 个目的地，包括 12 个出入口，由此构成了备选项集（图 2-2）。每一位被调查者在网上虚拟调查中将生成一条虚拟的参观路径，该路径可以被拆分成一次次的连续选择：基于当前所在地，从 55 个备选项中选择一个作为下一步的目的地，如果选择了 12 个出口之一，则参观过程结束。研究共收集了 978 条虚拟参观路径，所包含的选择次数共计 9199 次。

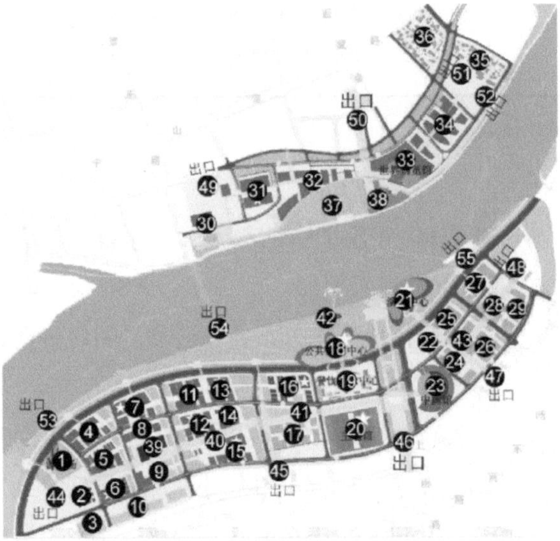

图 2-2 世博会参观者选择下一步目的地的备选项

① 王德，马力. 2009. 2010 年上海世博会参观者时空分布模拟分析. 城市规划学刊，(5)：64-70.

研究选取了以下 10 个解释变量，即①距离（Dist_{ij}）：从目的地 i 前往目的地 j 的距离，为了平衡量纲，实际纳入模型的是其对数形式 ln（Dist_{ij}）；②相邻（Neir_{ij}）：目的地 i 与目的地 j 是否相邻，相邻时取 1，否则取 0；③特色（Spec_j）：目的地 j 是否为特色展区，是为 1，否为 0；④规模（Size_j）：目的地 j 的展区建筑面积大小，以 1、2、3 表示；⑤沿河（River_j）：目的地 j 是否沿黄浦江，是为 1，否为 0；⑥同岸（Side_{ij}）：目的地 i 和 j 是否在黄浦江同岸，是为 0，否为 1；⑦已参观（$\mathrm{Visited}_j$）：目的地 j 是否之前已经参观过，是为 1，否为 0；⑧沿高架步道（Pedes_j）：目的地 j 是否沿园区内的高架步道布局，是为 1，否为 0；⑨类型（Type_j）：目的地 j 的类型，有展馆的为 1，没有展馆的为 0；⑩出口（Home_j）：目的地 j 是否为出口，是为 1，否为 0。

基于上述变量构建 Logit 模型，估计结果如表 2-5 所示。由此，可以从 p 值可以看到，所有变量均在 1%的水平下显著，具有统计意义。根据该结果，可以写出目的地 j 的效用公式，如式（2-12）。由于该式不包含 ASC 常数项，即认为目的地之间的效用差异都是由它们在上述 10 个变量的水平差异造成的，除此之外，诸如“中国馆”“沙特馆”这样的标签没有特殊意义。另外，本案例研究中有 55 个备选项，如果纳入 ASC 则需要 54 个常数项，也容易导致模型的过度复杂和难以解释。

$$\begin{aligned} V_j = & -0.6968\mathrm{Dist}_{ij} + 1.4691\mathrm{Neir}_{ij} + 0.7532\mathrm{Spec}_j + 0.4102\mathrm{Size}_j \\ & + 0.2202\mathrm{River}_j - 1.7633\mathrm{Side}_{ij} - 4.7523\mathrm{Visited}_j \\ & + 0.1537\mathrm{Pedes}_j + 0.8129\mathrm{Type}_j - 0.7459\mathrm{Home}_j \end{aligned} \tag{2-12}$$

表 2-5　Logit 模型：世博会参观者目的地选择

变量	系数	z 值	p 值
距离	−0.6968	−76.06	<0.0001
相邻	1.4691	65.54	<0.0001
特色	0.7532	29.23	<0.0001
规模	0.4102	27.80	<0.0001
沿河	0.2202	8.00	<0.0001
同岸	−1.7633	−36.68	<0.0001
已参观	−4.7523	−63.69	<0.0001
沿高架步道	0.1537	5.57	<0.0001
类型	0.8129	22.77	<0.0001
出口	−0.7459	−15.00	<0.0001

距离的系数为负、相邻的系数为正，表明参观者更愿意选择附近的目的地；特色、规模、类型、沿高架步道的系数均为正，表明有特色、包含展馆、规模较大、沿高架步道布局的展区更具有吸引力；在目的地与黄浦江的关系上，沿河的系数为正，同岸的系数为负，表明参观者更愿意到访沿黄浦江的目的地，且不愿意跨江活动；已参观的系数为负，且绝对值非常大，表明参观者不愿意两次踏入同一个展区；最后，出口的系数为负，表明在控制其他要素后，参观者对展区的偏好高于出口，因此，在刚入园时，出口被选中的概率较小，但随着参观过程的持续，越来越多效用高的展区（距离近、有特色等）变为“已参观”，会相应叠加上很高的负效用，出口的效用反而会逐渐占有优势，直至最终参观者选择出口，结束活动。

量纲相同的解释变量之间可以对直接比较系数的权重。例如，特色、类型、沿河、沿高架步道均为 0/1 虚拟变量，前两者是由展示内容决定其功能吸引力，后两者则是空间区位要素，对比可知，前两者的权重明显高于后两者。可以设想，当参观者只在如下两个目的地之间选择：其中一个有特色、包含展馆，但不沿黄浦江或高架步道；另一个虽然沿黄浦江或高架步道，但没有特色、不包含展馆，在其他条件相同时，前一个的选择概率应当远高于后者，事实上，可以由模型系数算出，前者的选择概率是后者 3.3 倍。

最后，模型的拟合优度指标——r^2 为 0.3301，拟合效果良好，表明自变量对选择结果的解释较为理想。由此可以预期，基于该模型进行模拟和预测应当具有较高的精度和可靠性。

参 考 文 献

关宏志. 2004. 非集计模型——交通行为分析的工具. 北京：人民交通出版社.

王德，马力. 2009. 2010 年上海世博会参观者时空分布模拟分析. 城市规划学刊, (5): 64-70.

Greene W H. 2012. NLOGIT Version 5 Reference Guide. New York: Econometric Software.

Train K E. 2009. Discrete Choice Methods with Simulation. Cambridge: Cambridge University Press.

第 3 章

个体行为模拟

3.1 概　　要

Logit 模型可以解释个体的选择行为，并可计算出各个备选项被选中的概率，使得能够对个体行为进行预测，即个体行为模拟。顾名思义，个体行为模拟的核心特点是作用在微观个体层面，与传统的在集合层面的预测相比具有很大优势。一方面，个体行为模拟可以充分利用更加具体的个体细节信息，而集合模拟则一般只能使用在集合单元上被汇总后的平均信息。例如，在预测目的地选择时，个体行为模拟可以根据每位出行者的地理位置计算距离，并结合各自的收入、是否拥有小汽车等情况分别模拟，而在交通小区层面开展的集合模拟只能以小区间的形心距离、小区的平均收入等信息代替。另一方面，如果研究对象是动态的行为过程，在集合层面模拟将面临许多困难，虽然有马尔可夫链等相应的模拟方法，但在原理的严谨性，以及实现的简易性、可扩展性上都不如个体行为模拟。

因此，个体行为模拟是体现 Logit 模型预测能力的最有力工具。首先以 Logit 模型解释行为机制，再利用该机制开展个体行为模拟，已被证明是行之有效的城市规划预测分析的技术路线。

3.2 基 本 原 理

本节所述的个体行为模拟主要是依据已建构的 Logit 模型，计算个体对各个备选项的选择概率，基于此预测个体的选择行为，该预测过程的核心是把不确定的随机概率转变为确定的选择结果。除此之外，还可以根据实际需求增加其他不同类型的行为机制，如 if-then 式的行为规则[①]，或服从某种概率分布的随机行为规律等。

有多种模拟途径可以实现选择行为的模拟，以下分别介绍最大概率模拟、蒙特卡洛模拟（Monte Carlo simulation）两种。设 N 个备选项的选择概率分别为 P_i（i=1，…，N）：

1）按最大概率模拟的思路是在每一次选择中，个体将选择概率最大的备选项 J，即 $P_J=\max(P_i)$。该方法以非常朴素而直观的原则得到每一次选择中的确定性选择结果，另外，由于这种全有全无（all or nothing）的方式排除了其他所有相对低概率事件发生的可能性，

① 规划的 if 部分（或左部）称为规则的前件或前提，then 部分（或右部）是规则的结论。

且只使用了概率的排序信息而忽略了具体的数值（如 $P_A:P_B=0.99:0.01$ 与 $P_A:P_B=0.51:0.49$ 的模拟结果没有任何差异），该结果与概率分布所反映的实际情景相比是有偏的。

2）蒙特卡洛模拟通过生成大量随机数的方式决定个体的选择结果，该结果与选择概率保持一致，在这一点上较最大概率模拟更加优越。具体而言，在一次选择中，可以通过概率累加的方式将[0，1]分为 N 个区间：[0，P_1]，$\left(P_1,P_1+P_2\right]$，$\left(P_1+P_2,\sum_{k=1}^{3}P_k\right]$，…，$\left(\sum_{k=1}^{n-2}P_k,\sum_{k=1}^{n-1}P_k\right]$，$\left(\sum_{k=1}^{n-1}P_k,1\right]$，其中第 i 个区间为$\left(\sum_{k=1}^{i-1}P_k,\sum_{k=1}^{i}P_k\right]$，由此保证这 N 个区段的长度分别对应于 N 个备选项的选择概率，进而生成一个 0～1 的均匀分布随机数，根据其落入的区段确定哪个对应的备选项被选中。显然，概率更大的备选项所对应的区间也更长，随机数落入的可能性也更高。

一个好的模拟系统应当是可靠和有用的。所谓可靠是指模拟结果应当对现实具有较高的保真性，能够以较高的精度再现现实；所谓有用是指模拟结果应当能够辅助支持规划设计决策。因此在实践中，一般首先对现实情景进行模拟，观察模拟结果与实际结果的差别，验证模拟系统的可靠性；在确保可靠性的前提下，再根据问题的需要改变模拟环境（如改变规划设计方案），构建多个新情景分别开展模拟，检验这些改变措施所带来的影响。

3.3　方 法 解 说

仍以第 2 章中的交通方式选择为例，具体说明最大概率模拟和蒙特卡洛模拟的实现过程。通过对 Logit 模型的估计，已经得到 4 种交通方式的效用公式，由此计算选择概率后进行模拟。首先以样本 1 为例详尽解说模拟的全过程和技术细节；再推广到表 2-1 所示的样本 1～5，解说模拟中的关键步骤；最后推广到全部 210 个样本，简要解说最终的模拟效果。

（1）样本 1

样本 1 的实际选择结果为小汽车。将表 2-1 中该样本相应的自变量的取值代入效用公式[式（2-10）]中，分别得到 4 种交通方式对样本 1 的效用如下：

$$
\begin{aligned}
V_{\text{Air}} &= 4.7399-0.0969\times 69-0.0040\times 100-0.0139\times 59=-3.1663\\
V_{\text{Train}} &= 3.9532-0.0969\times 34-0.0040\times 372-0.0139\times 31=-1.2603\\
V_{\text{Bus}} &= 3.3062-0.0969\times 35-0.0040\times 417-0.0139\times 25=-2.1088\\
V_{\text{Car}} &= -0.0969\times 0-0.0040\times 180-0.0139\times 10=-0.8590
\end{aligned}
\tag{3-1}
$$

再将上述效用结果代入“效用→概率公式”中[式（2-4）]，即可计算样本 1 选择 4 种交通方式的概率，如式（3-2）。

$$
\begin{aligned}
P_{\mathrm{Air},1} &= \mathrm{e}^{-3.1663} \Big/ \left(\mathrm{e}^{-3.1656} + \mathrm{e}^{-1.2582} + \mathrm{e}^{-2.0984} + \mathrm{e}^{-0.8582}\right) = 0.0484 \\
P_{\mathrm{Train},1} &= \mathrm{e}^{-1.2603} \Big/ \left(\mathrm{e}^{-3.1656} + e^{-1.2582} + \mathrm{e}^{-2.0984} + \mathrm{e}^{-0.8582}\right) = 0.3257 \\
P_{\mathrm{Bus},1} &= \mathrm{e}^{-2.1088} \Big/ \left(\mathrm{e}^{-3.1656} + \mathrm{e}^{-1.2582} + \mathrm{e}^{-2.0984} + \mathrm{e}^{-0.8582}\right) = 0.1394 \\
P_{\mathrm{Car},1} &= \mathrm{e}^{-0.8590} \Big/ \left(\mathrm{e}^{-3.1656} + \mathrm{e}^{-1.2582} + \mathrm{e}^{-2.0984} + \mathrm{e}^{-0.8582}\right) = 0.4865
\end{aligned}
\tag{3-2}
$$

最大概率模拟：由于小汽车的选择概率在 4 种交通方式中最高，因此预测样本 1 将选择小汽车，与实际结果一致。显然，按最大概率模拟时，无论模拟多少次，结果都是相同的。

蒙特卡洛模拟：将[0，1]分为 4 个区间，分别代表 4 种交通方式，每个区间的长度等于相应的选择概率。各区间的右端点 a_1、a_2、a_3、a_4 可通过累积概率计算：$a_1 = P_{\mathrm{Air},1} = 0.0484$；$a_2 = P_{\mathrm{Air},1} + P_{\mathrm{Train},1} = 0.0484 + 0.3257 = 0.3741$；$a_3 = P_{\mathrm{Air},1} + P_{\mathrm{Train},1} + P_{\mathrm{Bus},1} = 0.0484 + 0.3257 + 0.1394 = 0.5135$；$a_4 = P_{\mathrm{Air},1} + P_{\mathrm{Train},1} + P_{\mathrm{Bus},1} + P_{\mathrm{Car},1} = 0.0484 + 0.3257 + 0.1394 + 0.4865 = 1$，由此可得到 4 个区间及其代表的备选项分别为：$[0, 0.0484]$→航空，$(0.0484, 0.3741]$→火车，$(0.3741, 0.5135]$→巴士，$(0.5135, 1]$→小汽车。进而在计算机中生成一个[0，1]内均匀分布的随机数：若某次模拟中的随机数为 0.6134，由于落入（0.5144，1）区间，因此认为样本 1 将选择小汽车，与实际选择结果一致；若另一次模拟中的随机数为 0.2291，由于落入$(0.0484, 0.3741]$区间，因此认为样本 1 将选择火车，虽然火车并不是概率最高的备选项，但也有可能被选中。上述这种以随机数决定选择结果的方式就像掷骰子：骰子的每一面代表 1 个备选项，掷出什么结果就做出相应的选择，这也是为什么该方法被冠以蒙特卡洛——世界著名赌城之名。只不过，一般游戏中使用的骰子是各面均匀的，以保证游戏的公平性，而蒙特卡洛模拟中的“骰子”是不公平的，而是根据预设的选择概率分布设定的，概率越高的备选项越有可能被选中。显然，与最大概率模拟不同，蒙特卡洛模拟中的每次模拟结果因带有随机性而无法完全预计，在多次模拟时结果也可能出现差异，但随着模拟次数的增加，各选项被选中的概率将趋近于预设的选择概率。

（2）样本 1～5

推广到表 2-1 中的全部 5 个样本，计算出其对于 4 种交通方式各自的概率，如表 3-1

所示。按照每一行的最大概率分别模拟各样本的选择结果，可以看到 1、2、4、5 号样本的预测结果与实际一致，但 3 号样本预测错误：预测结果为小汽车（Car），而实际选择结果为火车（Train）。

表 3-1　样本 1～5 选择交通方式的概率和模拟结果：最大概率模拟

样本	交通方式			
	Air	Train	Bus	Car
1	0.0484	0.3257	0.1394	0.4865*+
2	0.2051	0.1641	0.1518	0.4790*+
3	0.0634	0.3099*	0.2178	0.4089+
4	0.7417*+	0.0596	0.0551	0.1436
5	0.0600	0.0416	0.8559*+	0.0425

*表示实际选择结果，+表示预测选择结果。

再使用蒙特卡洛模拟方法。基于表 3-1 中的概率，可得到每个样本选择 4 种交通方式的随机数区间，如表 3-2 所示。然后不断地抽取在[0，1]上均匀分布的随机数，相应记录模拟结果。由于蒙特卡洛模拟方法具有随机性，因此这里进行了两轮模拟。可以看

表 3-2　样本 1～5 选择交通方式对应的随机数区间和模拟结果：蒙特卡洛模拟

模拟	随机数	样本	交通方式			
			Air	Train	Bus	Car
Ⅰ	0.6134	1	[0，0.0484]	（0.0484，0.3741）	（0.3741，0.5135）	（0.5135，1]*+
	0.6555	2	[0，0.2051]	（0.2051，0.3692]	（0.3692，0.5210]	（0.5210，1]*+
	0.1712	3	[0，0.0634]	（0.0634，0.3733]*+	（0.3733，0.5911]	（0.5911，1]
	0.7083	4	[0，0.7417]*+	（0.7417，0.8013]	（0.8013，0.8594]	（0.8594，1]
	0.1318	5	[0，0.0600]	（0.0600，0.1016]	（0.1016，0.9575]*+	（0.9575，1）
Ⅱ	0.2291	1	[0，0.0483]	（0.0483，0.3739]+	（0.3739，0.5144]	（0.5144，1]*
	0.6787	2	[0，0.2051]	（0.2051，0.3692]	（0.3692，0.5210]	（0.5210，1]*+
	0.0462	3	[0，0.0634]+	（0.0634，0.3733]*	（0.3733，0.5911]	（0.5911，1]
	0.0971	4	[0，0.7417]*+	（0.7417，0.8013]	（0.8013，0.8594]	（0.8594，1]
	0.8235	5	[0，0.0600]	（0.0600，0.1016]	（0.1016，0.9575]*+	（0.9575，1）

*表示实际选择结果，+表示预测选择结果。

到：在模拟Ⅰ中，所有的5个样本的预测结果均与实际一致；在模拟Ⅱ中，样本2、4、5的预测结果与实际一致，样本1误选了火车，而样本3误选了选择概率最低的航空。

（3）所有样本

将上述方法应用于所有的210个样本，模拟4种交通方式的分担率，并与实际结果进行对照，计算模拟的均方误差，如表3-3所示。由于蒙特卡洛模拟的随机性，一般需要进行多次模拟之后取平均结果，表3-3给出了模拟1次、5次、10次、20次、50次模拟的平均结果。可以看到，蒙特卡洛模拟与最大概率模拟的结果相比，前者的误差更小，这是因为蒙特卡洛模拟更完整地利用了概率的数值信息，而最大概率模拟只利用了其排序信息。对于蒙特卡洛模拟而言，随着模拟次数的增多，模拟结果趋于稳定，与实际结果之间的误差也逐渐降低，在本案例中，当模拟次数达到20次以后，均方误差基本保持为0。在不同分析任务中使用蒙特卡洛模拟方法时，得到稳定结果所需要的模拟次数并没有统一的标准，研究者可以多次尝试后具体确定。一般而言，样本量越大、选择次数越多的模拟任务所需要的模拟次数越少。

表3-3反映了蒙特卡洛模拟能够真实再现实际状况，模拟结果具有很高的精度和可靠性。在此基础上，可以构建新的情景，进行情景预测。例如，可以设想：在航空和铁路资源有限的情况下，为了减少小汽车的使用率，未来的巴士服务得到改善，包括3个可能的情景：①提高发车频率，将站点等候时间降低20%；②提高速度，将行程时间减少20%；③降低成本，将行程费用降低20%。分别通过最大概率法和蒙特卡洛模拟方法对上述3种情景进行模拟，其中，蒙特卡洛模拟取50次模拟的平均结果，如表3-4所示。参照蒙特卡洛模拟结果，在情景①中，巴士分担率提高了8%（14%→22%），小汽车分担率降低了3%（28%→25%）；在情景②中，巴士分担率提高了5%（14%→19%），小汽车分担率降低了1%（28%→27%）；在情景③中，巴士分担率仅提高1%（14%→15%），小汽车分担率几乎没有变化（28%→28%）。因此，如果以提高巴士分担率、减少小汽车分担率为目标，在巴士的各项服务指标同比变化的情况下，减少站点等候时间的效果最好，其次为减少行程时间，相对而言，出行者对行程费用的降低最不敏感。

表3-3 交通方式选择模拟：所有样本的实际与模拟结果

结果	交通方式				均方误差
	Air	Train	Bus	Car	
实际	58（28%）	63（30%）	30（14%）	59（28%）	—
最大概率模拟	55（26%）	64（30%）	24（11%）	67（32%）	5.24

续表

结果	交通方式				均方误差
	Air	Train	Bus	Car	
蒙特卡洛模拟：1 次	60（29%）	56（27%）	31（15%）	63（30%）	4.18
蒙特卡洛模拟：5 次	59（28%）	64（30%）	28（13%）	58（28%）	1.32
蒙特卡洛模拟：10 次	58（28%）	64（30%）	29（14%）	60（29%）	0.87
蒙特卡洛模拟：20 次	58（28%）	63（30%）	30（14%）	59（28%）	0
蒙特卡洛模拟：50 次	58（28%）	63（30%）	30（14%）	59（28%）	0

表 3-4　多情景下的交通方式选择模拟结果

情景	结果	交通方式			
		Air	Train	Bus	Car
—	实际	58（28%）	63（30%）	30（14%）	59（28%）
现实情景	最大概率模拟	55（26%）	64（30%）	24（11%）	67（32%）
	蒙特卡洛模拟	58（28%）	63（30%）	30（14%）	59（28%）
① Bus：TIME 减少 20%	最大概率模拟	53（25%）	53（25%）	44（21%）	60（29%）
	蒙特卡洛模拟	54（26%）	56（27%）	46（22%）	53（25%）
② Bus：INVT 减少 20%	最大概率模拟	55（26%）	55（26%）	37（18%）	63（30%）
	蒙特卡洛模拟	55（26%）	60（29%）	39（19%）	56（27%）
③ Bus：INVC 减少 20%	最大概率模拟	55（26%）	63（30%）	25（12%）	67（32%）
	蒙特卡洛模拟	58（28%）	62（30%）	32（15%）	58（28%）

3.4　应用案例

【A】蒙特卡洛模拟[①]

【摘要】 2.4 节的应用案例中介绍了用 Logit 模型解释上海世博会参观者连续的目的地选择行为的方法。本节在 Logit 模型的基础上，通过个体参观行为的时空模拟，预测分析世博会参观人次、人流、就餐需求、休息需求以及单个展馆参观的时空变化情景，为世博会展区的规划管理和相关设施布局提供参考。本节的个体模拟采用蒙特卡洛模拟方法。

① 王德，马力. 2009. 2010 年上海世博会参观者时空分布模拟分析. 城市规划学刊，(5)：64-70.

【解说】 模拟过程如图 3-1 所示。可以看到，在每个时间点模拟系统会判断每个参观者是否需要休息、就餐，其中，休息的判断依据是距离该参观者上一次休息的累积参观游览时间，就餐的判断依据是当前是否已到为该参观者设定的就餐时间。如果需要休息或就餐，则记录该参观者的休息或就餐行为，并转向下一个时间点；如果都不需要，则进一步判断该参观者是否正在参观或在前往目的地的路上，如果是，则同样转向下一个时间点，如果不是，则提示该参观者可能需要选择下一步活动的目的地。目的地选择的模拟即是基于 Logit 行为模型（具体参见 2.4 节的应用案例介绍），采用蒙特卡洛模拟方法选择展区或出口①。如果选择结果是出口，则该参观者停止参观，离开世博园；如果是一个展区，则该参观者前往并到达选中的展区，并进入拥挤和排队的模拟过程；如果展区拥挤且该参观者不愿意排队，则重新利用 Logit 模型和蒙特卡洛模拟选择下一个目的地，否则，该参观者进入选中的展区参观或进行排队，并进入下一个时间点。

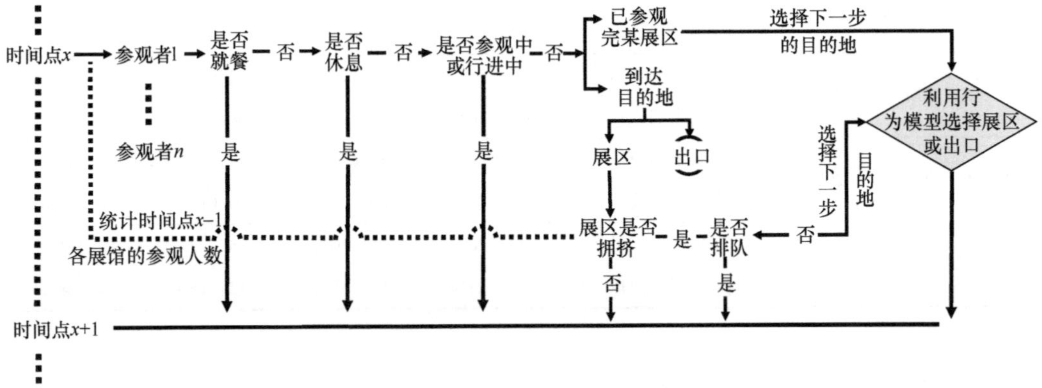

图 3-1　世博会参观者行为模拟过程

利用上述方法模拟世博会的参观者行为，模拟结果如图 3-2 所示，从这些模拟结果中可以对世博会的人流有较为科学的预见和把握，发现可能的问题并采取相应的规划措施。例如，从图 3-2（a）可以看到，参观人次主要分布在浦东展区的中部和浦西展区的中北部，提示在规划设计中在这些区域需要安排更多空间和服务设施，特别是主题馆、中国馆等热门展馆，极端高峰日的参观人次可达 30 万以上，需要妥善解决拥挤排队问

① 实际上，本节的具体模拟方法是计算各备选项的可见效用后，分别为每个备选项生成一个 Gumbel 分布的随机数，作为随机效用，加总得到总效用后直接选择效用最高的备选项。这种方式与方法解说部分介绍的“先利用可见效用计算概率，再生成均匀随机数”的方式有所不同，但原理和效果是一致的。

题。从图 3-2（b）可以看到，浦西的主要人流方向与规划的道路交通系统一致，而在浦东围绕中部几个主要展馆的人流明显较多，与规划中沿黄浦江的线形交通组织并不一致，提示规划设计应注意加强这些展馆间的通道联系。从图 3-2（c）可以看到，午餐需求的分布与参观人次的分布相似，主要分布在浦东展区中部和浦西展区中的几个大型展馆，以浦东展区的主题馆和中国馆最多，另外，广场的就餐需求普遍较小。从图 3-2（d）可以看到，休息人次最多的场所是浦东展区的主题馆、中国馆、公共活动中心、演艺中心和浦西展区的博物博览馆周边，应注意在这些场所设置休息空间和设施。

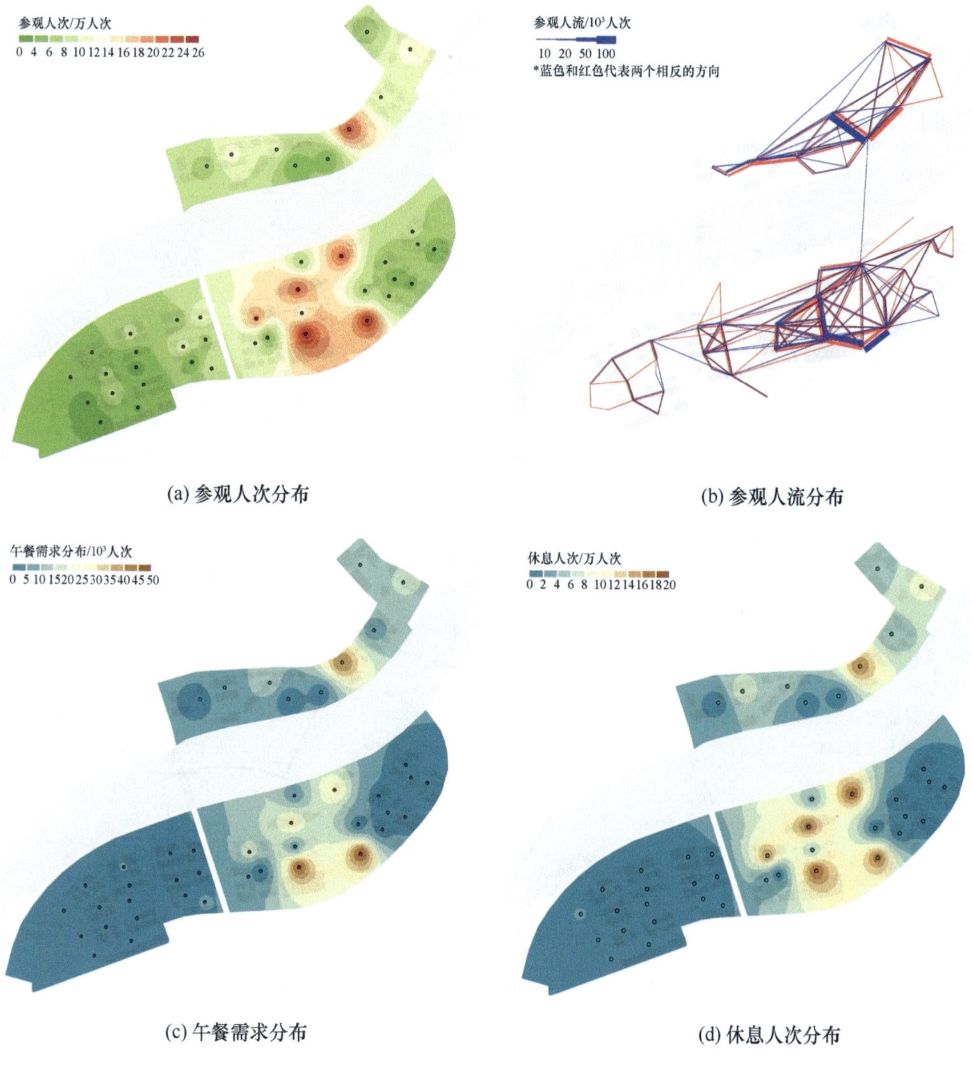

(a) 参观人次分布　(b) 参观人流分布

(c) 午餐需求分布　(d) 休息人次分布

图 3-2　世博会参观者行为模拟结果

【B】最大概率模拟①

【摘要】 以人为本的商业空间规划需要掌握消费者的空间行为规律。本案例以全国知名的商业街——上海市南京东路为对象，试图预测南京东路在采取步行化改造措施以后，消费者行为会发生哪些变化。对此，首先建立了解释消费者空间选择行为的 Logit 模型，然后基于该模型进行了个体回游行为模拟，模拟方法采用最大概率法，模拟结果为消费者从不同入口进入南京东路后的最大概率回游路径。

【解说】 研究把南京东路划分为 22 个目标地块（图 3-3），通过问卷调查收集了 752 位消费者样本的实际回游路径，即按先后顺序依次到访了哪些地块。利用 2.4 节应用案例（世博会参观者行为）的方法建立了消费者空间选择的 Logit 模型，解释变量包括每个地块的服装营业面积、饮食营业面积、图书营业面积、其他营业面积、百货店营业面积，地块去过次数、距离、相邻、是不是步行街、地块内商店间是否有联络通道。

地块中的主要商店和设施：

（1）新世界百货
（2）第一世界百货
（3）恒源祥百货，老凤祥金银
（4）第一百货东楼，上海服装集团
（5）新雅粤菜馆，乐乐辰购物中心
（6）第一食品公司
（7）华联商厦
（8）中丝伊都锦，第一医药商店
（9）华侨商店，世纪广场
（10）美特斯邦威
（11）置地广场，曼克顿广场
（12）老凤祥银楼
（13）王开照相
（14）欧洲友谊商城
（15）中联商厦，地铁河南中路站
（16）书城南京东路站
（17）亨达利钟表
（18）吴良材眼镜
（19）真维斯
（20）中央商场
（21）外贸商场
（22）和平饭店

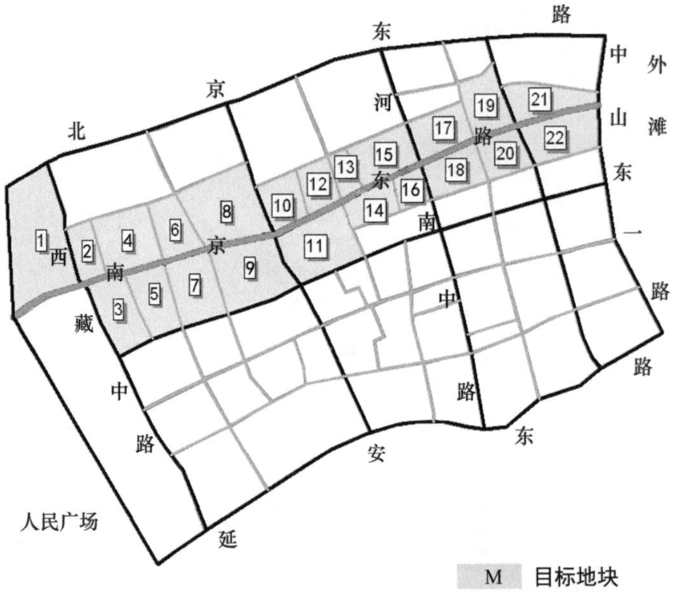

图 3-3　南京东路的目标地块划分

① 朱玮，王德. 2009. 南京东路消费者的空间选择行为与回游轨迹. 城市规划，32（3）：33-40.

在得到Logit模型的拟合结果后，就可以对消费者进行最大概率模拟，过程如图3-4所示。已知消费者入口地块，可以计算此地块与其他各地块的距离、相邻、联络通道情况，此时消费者对其他所有地块的去过次数均为0，因此，Logit模型中所有的自变量都已经确定，可以计算该消费者选择各地块的概率。根据最大概率模拟方法的原理，认为该消费者将选择最大概率地块，记录这一选择结果，将消费者当前位置更新至该地块，将该地块的去过次数加1。然后进入下一轮选择过程，此时Logit模型中的距离、相邻、联络通道变量需要根据更新后的地块重新计算。利用这种方法不断进行最大概率选择，直至产生20次停留。通过这种方法，连续的选择结果将构成一条最大概率回游轨迹。

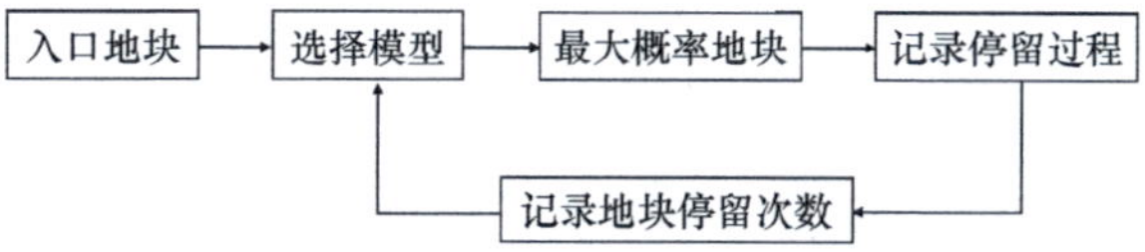

图3-4　南京东路消费者回游轨迹模拟过程

表3-5显示了从2个主要入口进入的消费者的最大概率回游模拟结果，包括现实情景和河南中路以东步行化以后的新情景。

从现实情景的模拟结果可以看到，消费者回游轨迹以顺游为主，均呈现“之”字状，说明商业街南北两侧的吸引力分布较均衡。一个主要问题是所谓的“折返跨越”现象：从人民广场进入的消费者自西向东顺游至河南中路后不再前行，而是向西折返；从外滩进入、自东向西顺游的消费者的第一步即出现了长距离跨越，而被跨越的正是河南中路。研究认为产生这种折返跨越现象的主要原因是河南中路以东是非步行街，在环境品质上与步行街存在落差，导致河南中路就像一堵无形的墙，西侧的消费者折返，东侧的消费者希望尽快跨越。

在将河南中路的东段进行步行化改造后，南京东路全线将成为步行街。此时，从人民广场进入的消费者在面临河南中路时将不再发生折返行为，而是继续在东段回游；从外滩进入的消费者则将不再急于跨越河南中路，而是在良好的步行环境中顺序光顾河南中路以东的地块。由此可见，河南中路以东的步行化改造将对提升该地区的吸引力起到积极作用，通过Logit模型和最大概率回游轨迹模拟的方法可以充分揭示这一点。

表 3-5 南京东路消费者回游轨迹模拟结果

情景	从人民广场进入	从外滩进入
现实情景	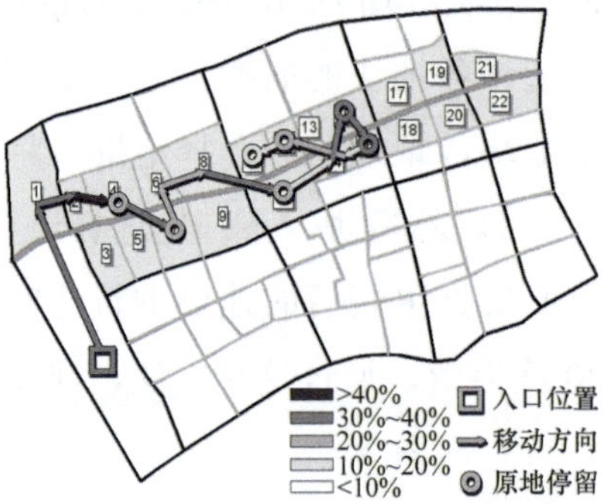	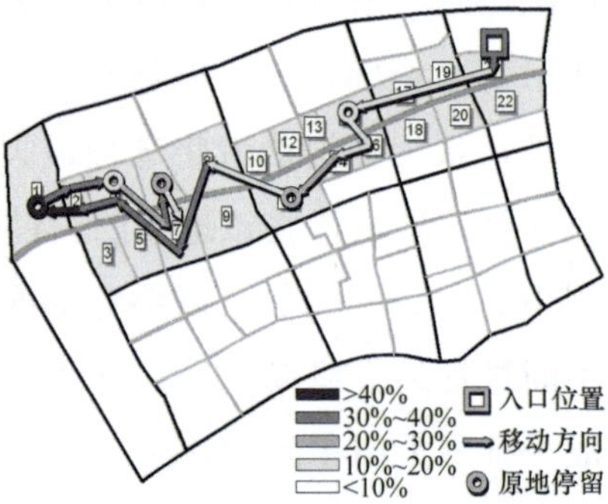
河南中路以东步行化情景	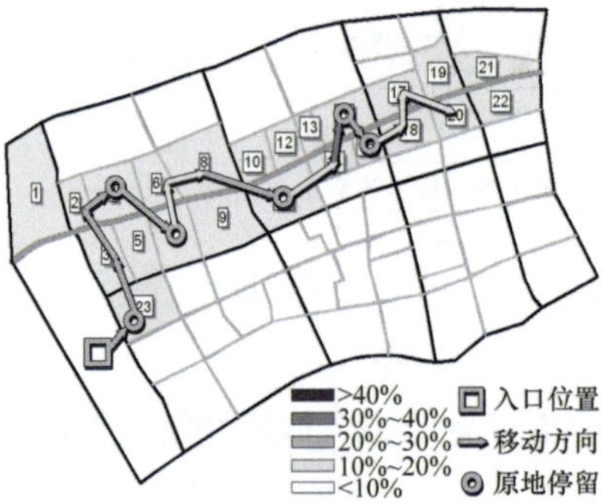	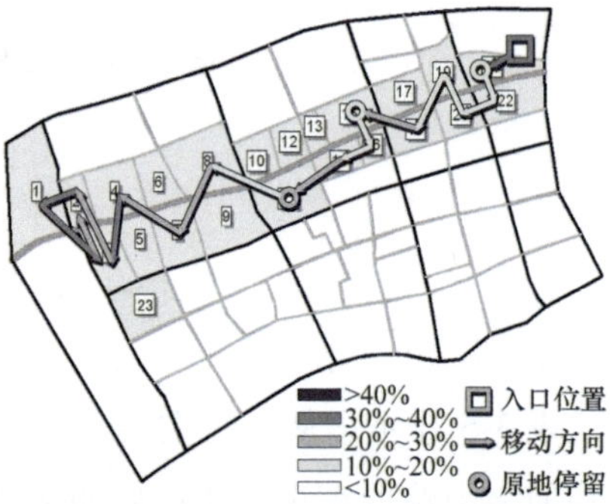

注：1～22 表示地块中的主要商店和设施，与图 3-3 一致。

参考文献

王德，马力. 2009. 2010 年上海世博会参观者时空分布模拟分析. 城市规划学刊, (5): 64-70.

朱玮，王德. 2008. 南京东路消费者的空间选择行为与回游轨迹. 城市规划, 32(3): 33-40.

Greene W H. 2012. NLOGIT Version 5 Reference Guide. New York: Econometric Software.

Train K E. 2009. Discrete Choice Methods with Simulation. Cambridge: Cambridge University Press.

第 4 章

多代理人模拟方法

4.1 概　　要

模拟，又称仿真，是指利用模型复现实际系统中发生的本质过程，并通过对系统模型的实验来研究存在的或设计中的系统。当所研究的系统造价昂贵、实验的危险性大或需要很长的时间才能了解系统参数变化所引起的后果时，模拟是一种特别有效的研究手段。

多代理人模拟（multi-agent simulation，MAS）是在一个由多个代理人（agent）和环境所构成的系统中，对代理人之间以及代理人与环境之间交互的模拟。代理人是一个自主的个人或者物件，其具有特定的属性、行为甚至目标。环境是代理人所处的空间，可以代表实际的地理空间，也可以代表虚拟的网络空间等。代理人之间、代理人与环境之间的交互可以非常复杂，可以随时间演化，包括在特定时间决定采用哪种交互的策略。交互伴随着信息交换，其结果是代理人和环境的状态得以更新或采取进一步的行动。

多代理人模拟的理念出现在 20 世纪 40 年代后期，但由于需要密集的计算，直到 90 年代才开始普及。多代理人模拟的历史可以追溯到冯·诺依曼机器（the von Neumann machine），诺依曼基于此创造出了第一个后来被称为元胞自动机（cellular automata，CA）的设备。数学家约翰·康威（John Conway）在此基础上构建了著名的“生命游戏”（game of life），它在一个二维棋盘形式的虚拟世界中以极其简单的规则运行。80 年代初，罗伯特·阿克塞罗德（Robert Axelrod）主办了“囚徒困境”战略比赛，以代理人的方式进行交互并决出胜者，后续在政治学领域开发了从民族中心主义到文化传播的许多其他多代理人模型。80 年代后期，克雷格·雷诺兹（Craig Reynolds）对鸟群的研究是早期具有社会学意义的生物学多代理人模型的典型。从 90 年代开始，多代理人模拟进入快速发展时期。随着 1990 年 StarLogo、90 年代中期的 Swarm 和 NetLogo、2000 年的 RePast 和 AnyLogic、2007 年的 GAMA，以及一些定制代码的出现，多代理人建模软件越来越丰富，应用范围越来越广泛。

多代理人模拟在社会科学领域的发展尤为显著，被用于模拟和探索社会现象的作用，如季节性迁移、污染、有性生殖、战斗、疾病乃至文化传播，探讨社会网络和文化的协同演化。城市规划是人类为了在城市的发展中维持公共生活的空间秩序而做的未来空间安排（吴志强和李德华，2010）。城市又是一个高度异质的复杂系统，大量具有不同属性、习惯、需求、偏好的居民在城市中生活，人与人之间、人与空间之间时刻发生着大量的交互，为此规划需要在城市空间中合理安排居住、工业、公共服务、交通、基础设施，尽可能地满足居民的需求，提高其生活品质。经过长期的实践和研究积累，城市规划在总体上以及各个系统之内，形成了规划原则、规范、标准、原理来指导规划实践，保证规划方案满足基本的需求，不出现大的问题。但对实现更加精准的目标，对规划效果的估计达到特定个人或人群，对不同系统规划形成的叠合效应进行预估，对不同空间层次规划效果的同时考察，对以上方面动态效果进行预判，一般的规划方法就难以做到，而这正是多代理人模拟的强项，并且往往通过自下而上的视角。

多代理人模拟在城市规划与研究中被广泛应用于模拟各类城市元素，如人、土地、建筑、车辆，通过模拟来研究城市发展中社会经济活动的动态特征，对规划设计进行评估优化。多代理人模拟可以较高精度地模拟城市土地利用变化，用来研究城市空间布局特征和规律（周淑丽等，2014；刘润姣等，2016）；也可以应用于城市内部子系统的模拟，如通过模拟商业中心和消费者的互动推演零售业中心体系的演化（朱玮和王德，2011；朱玮等，2014）。城市整体层面的居住空间布局以及居住区内部建筑布局的优化也可以通过多代理人模拟实现，对应方法包括模拟居民对居住空间的区位选择决策过程，以及模拟居住区建筑对日照的影响（刘慧杰和吉国华，2009；刘小平等，2010）。城市交通规划运用多代理人模拟可以模拟车辆和行人动态及互动、交叉口车流、交通拥堵等各类复杂状况，以评估交通规划方案或优化交通体系（余沛等，2010；刘小鼎等，2011；罗来平等，2015）。此外，多代理人模拟还被用于规划人流空间，如商业区和展区，通过模拟个人时空轨迹来评估和优化规划方案（朱玮等，2009；王德等，2015）。

4.2　基本原理

多代理人系统，顾名思义就是由多个代理人构成的系统。代理人代理实际系统的构成要素，通过模拟手段，使其具有类似实际要素的特性、行为、功能。一个多代理人系统具有以下特性：①自主性，代理人是独立的个体（至少是部分独立的），拥有个体属性，能够自我感知、判断决策、采取行动；②局部性，代理人不具有全局视野，也不能获得所有的信息，通常只与其邻近的代理人或者环境交互，这里的邻近可以是空间上的接近，亦可以是联系上的紧密；③分散性，代理人各自行事，没有一个专门掌控全局的代理人；④涌现性（emergence），系统的整体属性、行为、结构经由代理人之间、代理人与环境之间的交互而显现，但代理人本身并不具备这样的整体属性、行为和结构。涌现是复杂系统（complex system）理论中的核心概念，因此，多代理人系统也是一种复杂系统。

多代理人系统的这种特性，使得多代理人模拟相比于基于方程的模拟（equation-based simulation，EBS）具有一些显著的优势：①MAS 可以模拟异质性很高的群体，而 EBS 通常必须假定模拟对象的同质性。②MAS 不需要用户知道个体行为导致的全局结果是怎样的，只需要知道代理人及环境的行为规则，这些规则可以很简单；而 EBS 要求用户对整体行为及其规律有很好地理解，通常需要较高的数学概括、推演和表达能力。③有趣的是，正因为 MAS 的规则简单明确，用户可以设定很多不同的规则，建立复杂的动态系统；而 EBS 因为方程模型在形式、可解性等方面的限制，不得不对模型加以假定、简化而导致更多失真。④MAS 可以方便地纳入各种形式随机过程，而 EBS 模型往往是决定性的，或者推导随机过程的结果，但只能限于几种便于积分的概率分布。⑤通过 MAS，可以同时考察系统整体的行为以及单个代理人的行为。不过 MAS 的一个相对劣势就是运算量较大，模拟成千上万的代理人行为来考察涌现的集合现象的计算成本，远高于求解一个微分方程。另一个缺点就是需要掌握的模型参数可能较多，验证模型可靠性的要求更高；而 EBS 模型更加简洁，因为假定或忽略了一些中间的过程。总的来说，多代理人模拟更加适用于解决具有高度异质性的复杂问题。

4.3 方法解说

通过多代理人模拟软件 NetLogo 来展示多代理人模拟的基本方法。NetLogo 是一个用来对自然和社会现象进行仿真的可编程建模环境，它由乌里·维伦斯基（Uri Wilensky）在 1999 年发起，由美国西北大学连接学习和计算机建模中心（The Center for Connected Learning and Computer-Based Modeling）负责持续开发。NetLogo 学习门槛低，灵活性高，扩展性强，适用性广。它是一个开源软件，免费使用，可以在 CCL 的网站上下载①。

例如，在 NetLogo 的模型库中的“狼吃羊”（wolf-sheep predation）模型模拟由狼群、羊群、草地构成的多代理人系统（图 4-1）。其中，狼和羊就是活动代理人（在空间中运动），草地就是环境代理人（在空间中静止）。狼和羊在草地上随机地移动（代理人行为），相遇时，狼吃掉羊（代理人交互），获得能量（代理人属性），羊即死亡（代理人行为）；羊通过吃草（代理人-环境交互）获得能量；草可再生（环境行为），狼和羊亦可根据能量进行繁殖（代理人行为）。模拟这个多代理人环境即可动态地观察在特定参数设定下，这个虚拟生态系统的演化过程。

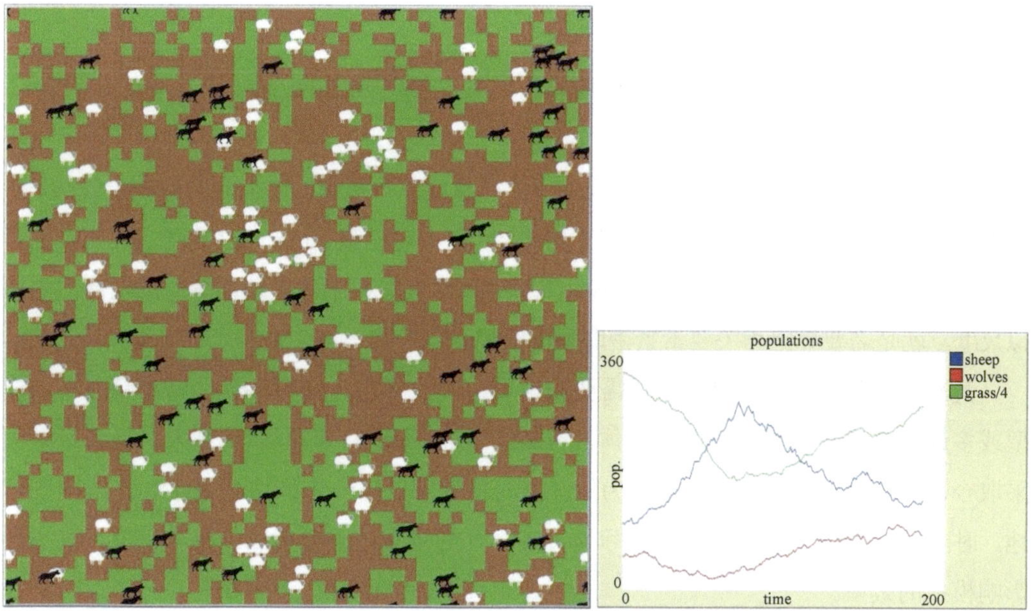

图 4-1　狼群、羊群、草地构成的多代理人系统

资料来源：NetLogo 模型库

如何设计多代理人模型没有必须遵循的规则，因模型针对的问题、设计者的偏好以及所使用的多代理人模拟工具而异。不过，遵循一定的设计方法论和惯例，有助于厘清设计思路，提高设计效率，便于交流理解。这里介绍的方法论包括四个主要步骤：问题（question）、概念（concept）、机制（mechanism）、程序（programming），简称 QCMP。在实践中，这很可能不是一个线性的步骤，会随着设计的不断完善而反复。

① 见 https://ccl.northwestern.edu/netlogo/.

1. 问题

运用多代理人模拟通常是为了解决问题的，那么提出问题就是关键，决定了模拟的目标。问题越明确，越具体，就越有利于模型的设计，因为这将模型涉及的要素限定在相关的范围内，令目标更容易量化，从而更适合用模拟的方法来处理和表现，更便于判断模拟结果是否达到了预期。以狼吃羊模型为例，研究的问题可能是：①狼和羊在什么样的初始数量或比例下可以共存，而不会导致任一种群的灭绝？②如果可以共存，它们之间的数量关系是恒定的，还是波动的？③如果是波动的，是周期性的，还是无规律的？④如果是周期性的，周期为多长？

2. 概念

从问题出发，以目标为导向，厘清模型要素，界定概念的内涵。

（1）尺度和精度

首先，特定的问题在特定的空间尺度下才有意义或可模拟。以上面的问题①为例，研究所关心的狼和羊的初始数量或比例应该限于一个相对完整、独立的生态空间（如一片草场），而不可能扩大到整个地球，也不应该缩小到几只狼和羊的活动范围。确定合适的模拟尺度，就是需要界定相关要素紧密联系的空间。

其次，复杂的现实世界不一定需要在模型中一一体现，在可接受的结果精度下，模型或多或少需要简化现实，把握主体，忽略细节，在空间、时间、代理人、行为等方面采取合适的精度。仍以狼吃羊模型为例，空间精度可以以一个嵌块代表实际 1 公顷的草地，时间精度则以一个循环代表实际的一天，时空精度过大会影响结果准确度，过小会影响模拟的效率。

（2）代理人

模型中需要哪些类型的代理人同样遵循抓大放小的原则。在狼吃羊模型中，狼、羊、草足以描绘这个生态系统（图 4-2）。另外，一个代理人或许对应一只羊，也或许对应 10 只羊，但如果是 100 只羊呢？选择合适的代理人类型和代理人指代的群体规模，有赖于用户对模拟的目标和现实对象的理解。

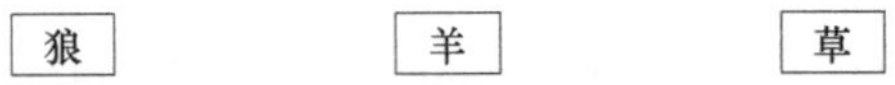

图 4-2　狼吃羊模型中的三类代理人

（3）行为

模拟代理人的哪些行为同样需要思考，在满足目标的前提下，抓住主要行为，忽略细节行为；用简单的行为机制能模拟的，就不用复杂的机制。代理人的行为按照对象大体上可分为自身行为和交互行为两大类，自身行为只操控自己的属性，交互行为涉及代理人之间的互动。狼吃羊模型中（图 4-3），狼的自身行为包括移动和繁殖，交互行为是吃羊；羊的自身行为也是移动和繁殖，交互行为是吃草；草的自身行为就是繁殖。

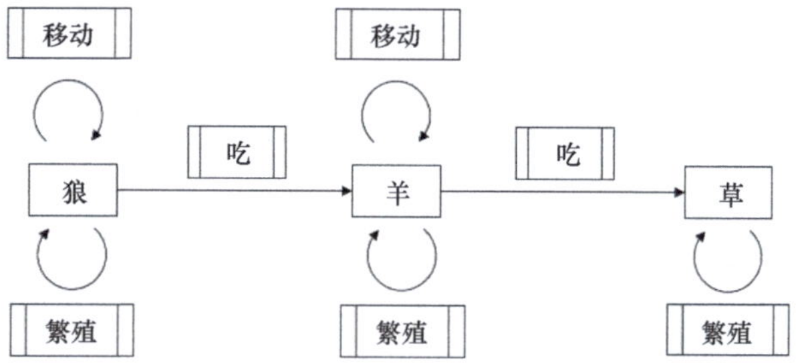

图 4-3　狼吃羊模型中的代理人行为

（4）属性和变量

除观察者，代理人的属性是一系列内置变量和自定义变量的集合。在模拟的过程中，有些变量因代理人而异（如能量），所以它们应该是代理人的属性变量；有些变量对于所有代理人，或者所有同类代理人是一样的（如阈值），那么就可以设为局部或者全局变量（图 4-4）。

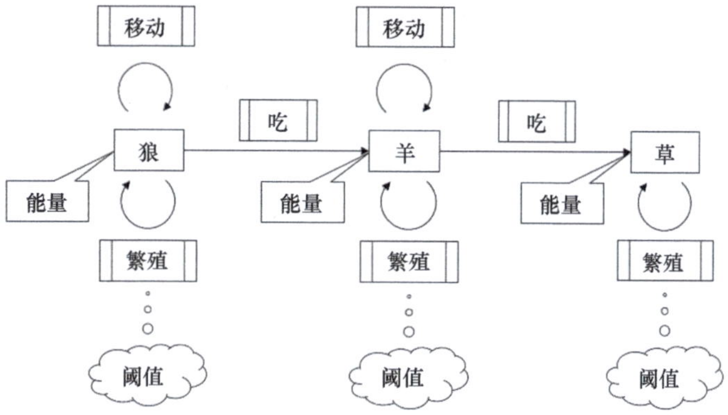

图 4-4　狼吃羊模型中的代理人变量

（5）指标

指标用来展示模拟结果，更重要的是应该直接回答问题。例如，针对以上狼吃羊模型的 4 个问题，指标和对应的表达形式可见表 4-1。

表 4-1 对应问题的指标和形式

问题	指标	形式
狼和羊在什么样的初始数量或比例下可以共存，而不会导致任一种群的灭绝？	狼的初始数量	滑动条、监视器、图
	羊的初始数量	滑动条、监视器、图
	狼和羊的初始数量或比例	监视器、图
如果可以共存，它们之间的数量关系是恒定的，还是波动的？	比例随时间变化的形态	图
如果是波动的，是周期性的，还是无规律的？	比例随时间变化的形态	图
如果是周期性的，周期为多长？	周期的 tick 数	监视器、图

3. 机制

机制是对现实过程的虚拟，是多代理人模拟的核心要素。代理人行为机制的逼真程度对涌现的虚拟世界的逼真程度具有决定性的影响，因此可靠的、经检验的机制应该是模型设计时的首选。在同一个规则之下，可能有不同的机制（如数学模型形式）来具体表征，有些机制可能包含较多的要素和较复杂的过程。原则上，在达到相近模拟效果的前提下，还是尽量采用简单、容易实现的机制。

至此，最好把该模型的主要概念和机制进行梳理，形成如表 4-2 的汇总表。

表 4-2 对狼吃羊模型中主要概念和机制的梳理

代理人	项目	名称/内容	注释
羊（海龟）sheep, a-sheep	属性	energy	能量，用于吃草、移动、繁殖等过程
	行为	move	随机转向，移动一步
		eat-grass	吃草，获得能量，改变栅格颜色
		reproduce	繁殖，能量超过阈值，原地 hatch 一只羊，初始能量等于超过阈值部分
狼（海龟）wolves, wolf	属性	energy	能量，用于吃羊、移动、繁殖等过程
	行为	move	随机转向，移动一步
		eat-sheep	吃羊，获得能量
		reproduce	繁殖，能量超过阈值，原地 hatch 一只狼，初始能量等于超过阈值部分

续表

代理人	项目	名称/内容	注释
草地（栅格）	属性	countdown	繁殖倒计时器
	行为	grow	如果草已被吃完，且 countdown<0，重新生长
指标		count sheep	羊的数量
		count wolves	狼的数量
		count patches	草的数量
		ticks	达到平衡的时间
观察者	全局变量	Energy_sheep_eat_grass	羊吃草获得的能量
		Threshold_sheep_reproduce	羊繁殖的能量阈值
		Energy_wolf_eat_sheep	狼吃羊获得的能量
		Threshold_wolf_reproduce	狼繁殖的能量阈值

4. 程序

在以上步骤比较完善之后，可以画一张模拟流程图（图 4-5），把模拟的各个环节联系起来，进一步厘清程序开发的思路。每个模拟都会从初始化过程开始，来设定世界、代理人、参数等的初始状态。主过程一般按逻辑循环执行子过程，因此其代码内容往往不多，而重在对子过程的有序组织。例如，在狼吃羊的过程中，顺序执行狼的行为、羊的行为、草的行为，最后输出指标。执行的逻辑如何组织有赖于对行为机制的理解。

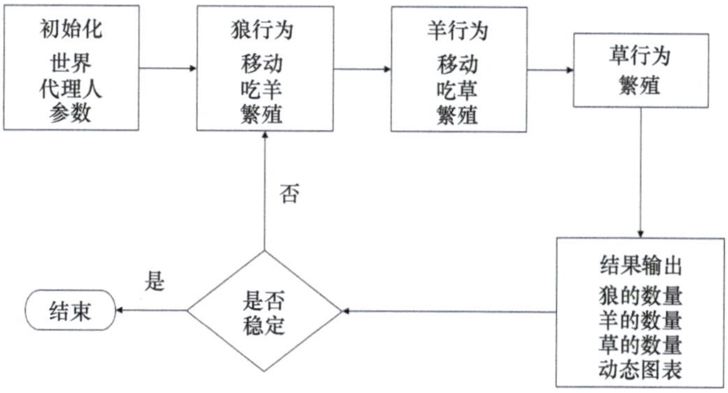

图 4-5　狼吃羊模型的模拟流程

4.4 应用案例

大多数现有的商业体系模拟方法采用数学规划优化方法，由于受到算法能力的限制，仅能开展小规模、简单场景下的模拟，且通常用于理论探讨，无法用于商业规划实践。多代理人模拟不依赖于总体的优化控制，而是通过精确地模拟个体行为，生成总体层面的商业体系形态，这与现实世界的运行机制是一致的。

1. 模拟方法

零售商业中心的空间布局主要在消费者和供应商的互动之下形成。在这个过程中，地形、土地使用、交通、经济、文化、习俗等众多因素协同影响，构成一个复杂的动态系统。这里提出的模拟系统仅考虑一些最基本的要素，从而构建一个相对简单但并非脱离实际的模拟框架。

（1）供应商行为

模拟系统中有两类代理人。第一类是零售业供应商，在这里也就是商业中心，其具有以下行为特征。

1）服务等级。商业中心有三个等级，用 D 表示：一级中心（D=1）等级最高，类比城市级商业中心；二级中心（D=2）等级居中，类比地区级商业中心；三级中心（D=3）等级最低，类比社区级商业中心。

2）空间调整。商业中心以一定的周期调整它的空间位置，这个周期用 t_M 表示，并设定为 30 个循环。空间位置调整遵循“向钱看”的原则，即商业中心向收入最大的方向移动。这里的收入用 R 表示，是消费者在 t_M 时间内于这个商业中心的总消费额。具体的调整规则如下：图 4-6 中以商业中心（五角星）为基准将整个空间划分为Ⅰ、Ⅱ、Ⅲ、Ⅳ四个象限。每个周期统计来自这四个象限的消费者的总消费额 R_{I}～R_{IV}，比较得出收入最大的象限（图 4-6 中为第二象限），朝该象限中的某个随机方向移动一个单位距离。

虽然现实中商业中心作为一种零售业空间形态并不主动进行空间调整，但“向钱看”原则表征了商家向消费潜力最大地区选址的基本行为特性。可以认为消费潜力大的地区吸引商家开业，消费潜力小的地区导致商家撤业，这两种行为共同形成整体层面的商业中心空间调整。

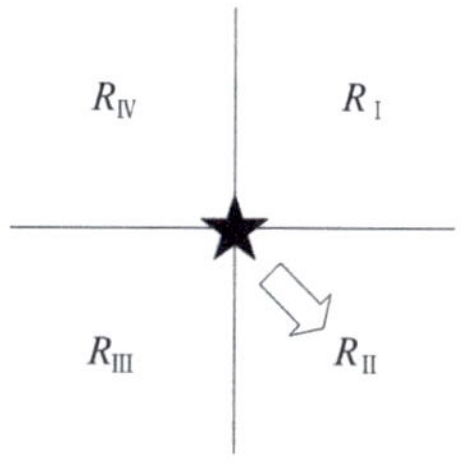

图 4-6　商业中心空间调整规则

3）降级与竞争。商业中心的服务职能是由消费量支撑的。高级需求量通常少于低级需求量，因此造成高级中心数量少于低级中心数量。消费者对某一商业中心的需求或多或少在变化。这种变化源于多种因素，如商业中心位置的调整、其他中心的竞争、交通条件的改善等。因此为了反映这种动态过程，纳入了商业中心的降级与竞争机制。规定每个商业中心以一定的周期 t_G 进行战略决策，这个周期具体设定为 12 个 t_M，也就是 360 个循环。该机制通过收入阈值来实现，用 L_D 表示，中心等级越低，收入阈值越低。例如，对于一级中心 L_1=3000 元（单位货币）；对于二级中心 L_2=500 元；对于三级中心 L_3=100 元。商业中心的战略决策过程为，当收入小于相应等级的阈值，中心降级为下一级中心或者消亡（对于三级中心），模拟经营不可维持；当收入大于阈值的 2 倍，在原处产生一个同级的新中心，模拟商业中心之间的竞争，因为收入已经可以“养活”两个同级商业中心。

（2）消费者行为

模拟系统中的另一类代理人就是消费者，他们选择商业中心购物消费。

1）购物频率与花费。消费者各级别的需求程度不同，因此规定一级需求（对应于一级商业中心职能）的频率 F_1 是每个单位模拟时间内 3.3%，相当于在一个 t_M 内，平均有一次一级购物需求；二级需求（对应于二级商业中心职能）的频率 F_2=6.6%；三级需求（对应于三级商业中心职能）的频率 F_3=50%。对于高级服务，消费者的支出也相对较大，规定满足一级需求的花费 S_1=20 元；满足二级需求的花费 S_2=5 元；满足三级需求的花费 S_3=1 元。这些消费额都记入商业中心的收入中。

2）商业中心选择。最初的中心地理论中假定消费者总是到最近的中心地购物，而实际上，当有多个商业中心能够满足某等级的需求时，消费者通常并不总是固定于一个中心，而是在这些中心当中选择一个作为购物出行的目的地。这些商业中心就构成一个消费者的选择集。

本模拟系统借鉴选择模型来模拟消费者的商业中心选择行为。规定满足某级需求的商业中心选择集为 $C_D=\{c_1,c_2,\cdots,c_N\}$，每个中心的效用由 v_n 表示。消费者选择某中心的概率为：$P_n=\exp(v_n)\Big/\sum_{m=1}^{N}\exp(v_m)$。这里采用简化的效用函数，仅考虑消费者到商业中心的直线距离 d_n，假定满足同一等级需求的商业中心吸引力相同。效用函数即 $v_n=\beta_D\ln(d_n)$，其中参数 β_D 为某级需求的距离摩擦系数；距离取自然对数表示边际效用递减的效果。根据中心地理论，高级中心涵盖低级中心的功能，因此当消费者产生一级需求，其选择集就是一级中心；当其产生二级需求，其选择集包括一级中心和二级中心；当其产生三级需求，其选择集则包含所有等级的中心。

距离摩擦系数为负值，这样商业中心距离消费者越远，效用就越低，被选择的概率也就越小。消费者对不同等级商业中心具有不同的距离偏好。对于低级中心，消费者往往希望其在步行范围之内；另外低级中心的经营门槛低、数量多、竞争激烈，商家希望靠近住区选址，因此距离摩擦系数的绝对值就比较大，效用随距离衰减的效果非常明显。相对地，高级消费的频率低，高级中心的数量少；面对这种更为刚性的需求，商家有供给垄断的优势，不那么愿意与消费者“套近乎”；反过来，消费者往往愿意付出更多的出行成本来满足高级需求，相应距离摩擦系数的绝对值就比较小。这样，距离摩擦系数的不同主要决定了各级商业中心的服务范围，如 $\beta_1=-2$，$\beta_2=-5$，$\beta_3=-10$。

2. 模拟流程

模拟的流程如图 4-7 所示，其中的粗线框表示模拟系统的过程；细线框表示消费者的行为模拟；虚线框表示商业中心的行为模拟。整个模拟开始，则会生成一定量的消费者分布在模拟空间内，空间的尺寸为 50m×50m。接着生成不同等级和数量的商业中心随机分布在模拟空间内。模拟一开始生成数量众多的一级中心（图 4-8），因降级和竞争机制，达不到收入阈值的中心就会渐渐降级甚至消失，剩下的商业中心成为最终的胜利者。且每次调整仅针对每个等级中收入最低那个中心，如此来避免因为竞争，多个中心都达不到收入阈值而同时降级或退出市场的情况。另外还纳入了一个市场进入机制，当系统达到均衡状态时，随机生成一个一级中心，以打破并检验该均衡状态是否稳健，如果还能恢复到该均衡状态，则说明它是稳健的。

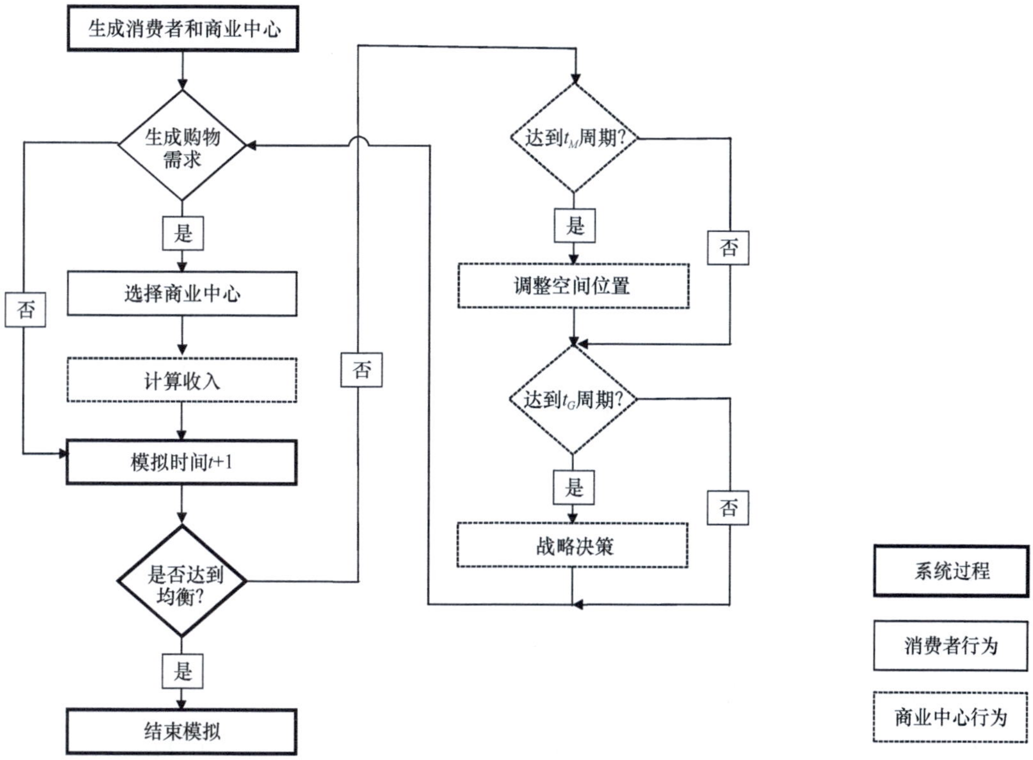

图 4-7　模拟流程

图 4-8　“从高到低”地模拟中心地的演化过程

红色五角星表示一级中心，绿色三角形表示二级中心，蓝色圆圈表示三级中心，灰色箭头代表消费者

接下来，在每个单位模拟时间 t 内，所有代理人顺序发生以下的行为。消费者根据 F_D 决定是否要购物以及需求的等级。一级需求最先判断：产生一个 0～1 的随机数，如

果这个数小于 F_1，那么需要前往一级职能中心购物；如果这个数大于 F_1，那么接着判断是否有二级购物需求，依此类推。如果最终没有任何购物需求，这个消费者不产生任何行为。产生了一定等级的购物需求后，消费者在所有相应等级商业中心集内进行选择。根据到各中心的距离计算 P_n 后，依据概率随机选择一个中心作为目的地。对这个被选择的商业中心进行一些统计：①中心的光顾人次增加一个单位；②消费者的花费计入中心的收入；③消费者的出行距离计入中心的出行总距离；④消费者居住的位置（四个象限之一）。当所有的消费者完成以上的过程之后，系统增加一个单位时间。

当时间达到空间位置调整的周期，每个商业中心就根据四个方向的总收入来调整位置。当时间达到战略决策的周期，商业中心就根据收入来判断保持原状、降级或退出市场。调整结束后，一轮模拟结束，进程从消费者的需求生成重新开始。整个模拟过程没有设定自动终止机制，当商业中心的等级和空间结构趋于稳定平衡时，人为结束模拟。

3. 多情景比较

土地使用是影响零售业空间结构的主要因素，其中又以居住用地布局最为重要。这里列举五种不同类型的空间情景（图 4-9），也就是消费者的空间布局，用来考察对应的商业中心结构。图 4-9（a）是均匀分布的情景，这也是中心地理论的基本假定，其中的每个点代表一个消费者，共有 289 个。这个数字在以下所有的情景中都是相同的。图 4-9（b）是单中心式的空间情景。可以看到三个圈层，中心的密度最高，第二圈层的密度大约是中心的 1/3，最外圈层密度最低，大约是中心的 1/10。图 4-9（c）代表卫星城式的空间情景，由一个高密度的中心城区（下方）和一个与其脱离的低密度卫星城（上方）构成。图 4-9（d）为分散组团式的情景，四个密度相同的居住组团相互脱离。图 4-9（e）是一个带形组团分布的空间情景，四个组团略有重叠，可以明显地看到一条竖直的空间轴线。

模拟在每个情景下进行若干次，发现最终的商业中心布局都非常接近，说明模拟系统是稳定的，模拟结果是可靠的。图 4-10 显示了不同消费者分布情景下的商业中心空间结构。

在消费者均匀分布的情景下，商业中心也呈现均匀布局[图 4-10（a）]。这样，同一等级的中心都有差不多大小的市场空间范围，这与中心地理论所推导的均质人口分布下的中心地布局是吻合的。从图中也可以大致地看出六边形布局形态，每个一级或二级中心的周边都有六个左右的三级中心围绕，部分体现了 $k = 3$ 市场原则下的中心地布局。这个空间情景支持一级中心 2 个、二级中心 2 个、三级中心 19 个。从职能来看，二级职能中心一共 4 个（一级中心加上二级中心）。这四个中心构成一个菱形，一级中

(a) 均匀分布

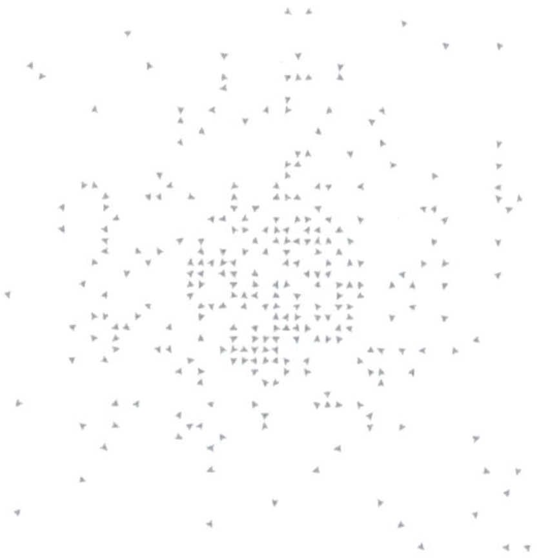

(b) 单中心

(c) 卫星城

(d) 分散组团

(e) 带形组团

图 4-9　模拟空间情景

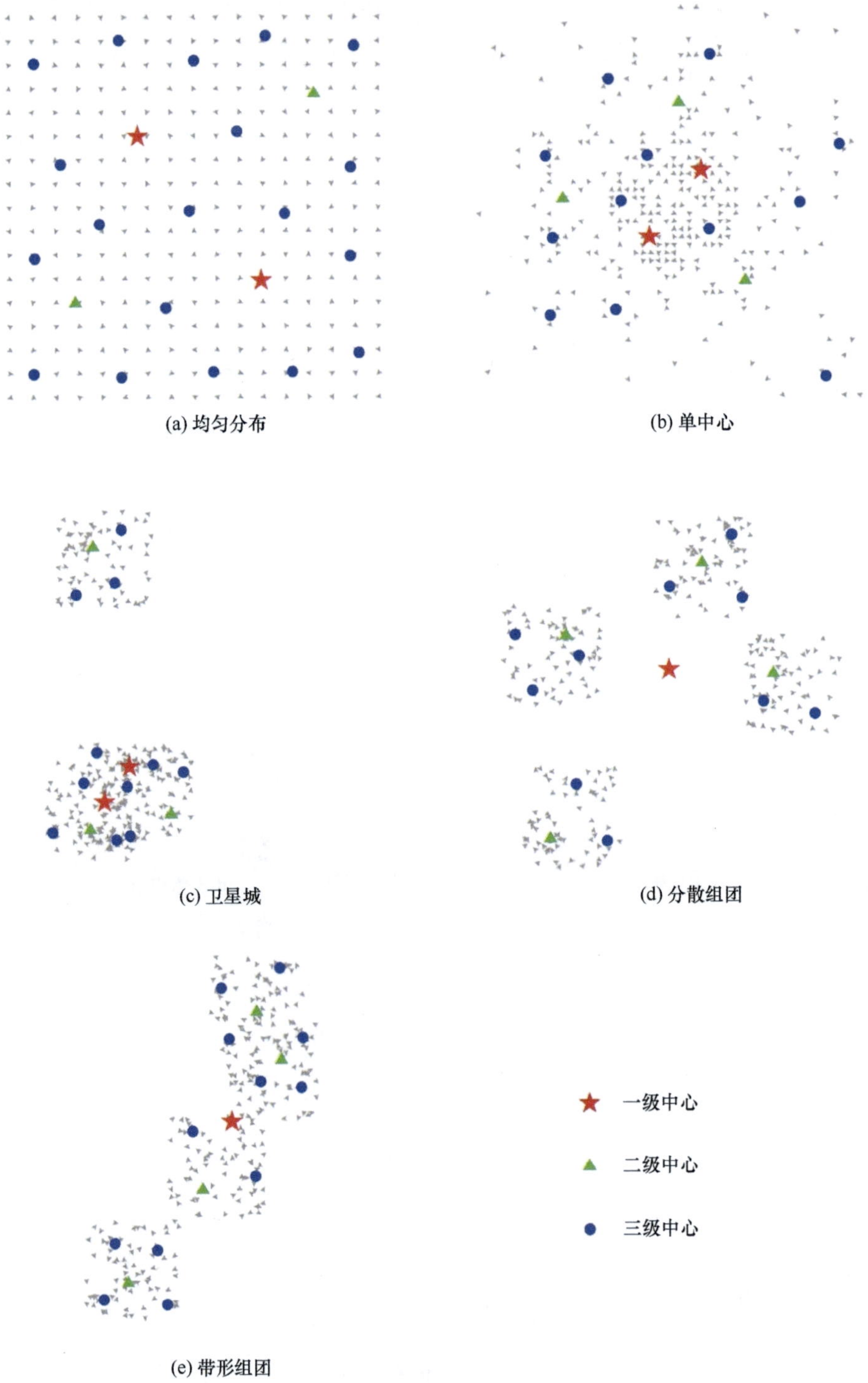

图 4-10　模拟商业中心空间结构

心间的距离较短，二级中心间的距离较长。这里反映了距离摩擦系数的作用。因为二级中心的距离摩擦系数较大，中心要相对接近消费者；一级中心距离摩擦系数较小，可以相对远离消费者。可以设想，当一级中心的距离摩擦系数为 0，这两个中心就会重叠在空间的中心，因为它们对四个方向的消费者吸引力是相同的，中心位置使各方向收入平衡。

因为单中心情景分布略有随机性[图 4-10（b）]，商业中心布局并不像均匀情景下那样均匀，但也呈现出规律性。2 个一级中心分布在高密度圈层边缘附近；3 个二级中心分布在中密度圈层附近，与一级中心共同构成比较均衡的二级职能中心体系；12 个三级中心或分散在低密度圈层，或穿插在高级中心的空隙，同样构成一个比较均衡的三级职能服务体系。这种商业中心职能由内向外逐步递减的布局结构在单中心城市很常见。

卫星城情景模式下所形成的商业中心结构如图 4-10（c）所示。由于中心城区的密度很高，吸引了大多数的商业中心为其服务，且因为消费者的分布不均匀，这 2 个一级中心、2 个二级中心、8 个三级中心的布局显得不那么有秩序。在郊区卫星城形成了一个独立的商业中心体系，其由 1 个二级中心和 3 个三级中心构成。因为需求量小，那里没有一级中心。在这样的结构下，二级和三级中心的服务范围都是地方性的，唯有一级中心辐射到卫星城。这也是卫星城模式下城市商业体系的典型结构。

分散的组团式情景造成分散组团式的商业中心结构[图 4-10（d）]。每个组团都有一个二级中心和 2～3 个三级中心。最有意思的就是一级中心位于四个组团的中间，这是合乎道理的，因为中间位置的可达性最高。实际生活中高级商业中心孤零零地坐落于郊区的情况不多，因为商业中心一般是在已有聚落基础上发展起来的，并非没有在城市以外选址的情况，在北美尤为多见。有些区域性购物中心就是这样选址的，周边没有任何居住功能，消费者从周边城市或乡村驾车前往中心购物娱乐。所以，这个模拟反映的是在交通和用地条件制约很小的情况下的商业中心布局结构。

组团式的商业结构同样在带形组团式情景中得到体现[图 4-10（e）]。每个组团拥有 1 个二级中心和若干个三级中心。当组团比较接近时，就可以共享中心的服务。最上面两个组团共有 6 个三级中心；而最下面那个相对偏远的组团就需要 4 个三级中心。整个场景支持 1 个一级中心，坐落在相对于各组团的中心位置，与二级中心一起构成一条商业中心走廊。

最后来比较一下这五个不同结构的商业中心体系的绩效（表 4-3）。在一个 t_M 周期内，所有商业中心的收入总和在五种商业空间结构下都很接近，微小的差距仅仅是模拟中的随机过程造成的。这是因为模拟将服务需求的产生设定为一个刚性的随机机制，长时间内的总量是稳定的。这个机制是独立的，并不随着商业中心的数量或布局而变化，也就是说无论如何消费者都会花这些钱，因此消费额总量也是刚性的。然而总的消费者出行距离就随居住空间结构的不同呈现较大差别。均匀分布情景下的出行距离最大，因为消费者分布最为分散；同时商业中心的数量也最多，主要是依托大量三级中心提供地方性服务，因此各中心的平均收入最少。从这几方面来看，均匀人口布局下的商业中心体系的绩效是最低的。当消费者以单中心的方式聚集，出行距离就缩短很多，中心数量同时下降。出行距离最短的是卫星城情景，因为中心城区的人口高度密集，除了从卫星城到中心城区的一级购物出行以外，大多数的出行都就近满足。组团式情景的密度比卫星城低，比单中心高，因此出行距离也介于两者之间。其中带形组团的出行距离比分散组团的要短，因为消费者分布更为紧凑。

表 4-3　各商业中心体系的绩效

空间情景	收入/元	出行距离/m	一级中心数目	二级中心数目	三级中心数目	中心总数
均匀分布	12500	27600	2	2	19	23
单中心	12600	22200	2	3	12	17
卫星城	12500	13000	2	3	11	16
分散组团	12500	18000	1	4	10	15
带形组团	12400	15800	1	4	12	17

参 考 文 献

刘慧杰, 吉国华. 2009. 基于多主体模拟的日照约束下的居住建筑自动分布实验. 建筑学报, (S1): 12-16.

刘润姣, 石磊, 蒋涤非. 2016. 应用多智能体模型验证中心地理论的空间布局结构. 地理与地理信息科学, 32(6): 18-24.

刘小鼎, 李瑞敏, 刘庆楠, 等. 2011. 城市公共汽电车中途站人流仿真研究. 交通信息与安全, 29(4): 15-19.

刘小平, 黎夏, 陈逸敏, 等. 2010. 基于多智能体的居住区位空间选择模型. 地理学报, 65(6): 695-707.

罗来平, 张晶, 李佑钢, 等. 2015. 基于 MAS 的虚拟公共交通环境建模与模拟分析. 地球信息科学学报, 17(5): 583-589.

王德, 王灿, 朱玮, 等. 2015. 基于参观者行为模拟的空间规划与管理研究——青岛世园会的案例. 城市规划, 39(2): 65-70.

吴志强, 李德华. 2010. 城市规划原理(第四版). 北京: 中国建筑工业出版社.

余沛, 杜文, 蒋海峰. 2010. 基于 Multi-Agent 的城市道路平交口混合交通流动态模拟与实现. 公路交通科技, 27(10): 128-132.

周淑丽, 陶海燕, 卓莉. 2014. 基于矢量的城市扩张多智能体模拟——以广州市番禺区为例. 地理科学进展, 33(2): 202-210.

朱玮, 陈懿慧, 王德. 2014. 基于多代理人模拟的上海市域零售业中心体系研究. 上海城市规划, (1): 109-115.

朱玮, 王德. 2011. 基于多代理人的零售业空间结构模拟. 地理学报, 66(6): 796-804.

朱玮, 王德, Timmermans H. 2009. 多代理人系统在商业街消费者行为模拟中的应用——以上海南京东路为例. 地理学报, 64(4): 445-455.

第 5 章

叙述偏好法

5.1 概　　要

前文介绍了如何通过离散选择模型揭示个体的行为偏好，在研究中，偏好数据一般有两种来源。前文使用的交通方式选择数据是其中的一种，它们是通过调查个体的实际选择行为而获得的。例如，已知某出行者确实乘坐了火车从 A 地前往 B 地，并调查了此次出行实际的站点等候时间、行程时间、行程费用；同时，了解到 A、B 两地之间还有航空、巴士、小汽车三种可利用的交通方式，并分别调查了如果采用这些交通方式将要花费的时间与费用，由此构成了一个包含 4 个选项的选择情景。这种反映人们在真实世界中的实际选择的数据被称为显示性偏好数据，简称 RP（revealed preference）数据，显示性的含义是指人们通过自己所做的实际选择，把偏好显示出来。

与 RP 数据相对，另一类数据被称为叙述性偏好数据，简称 SP（stated preference）数据。此类数据是通过选择实验的方式收集的。在实验中，研究者为受访者提供一些经过设计的虚拟选择情景，由受访者判断并叙述自己将会做出的选择。例如，研究者提供如下的交通方式选择情景："如果您要从 A 地前往 B 地，有两种可利用的交通方式：①航空，机场等候时间 120min，乘机时间 1h，机票 1000 元；②火车，车站等候时间 30min，乘车时间 6h，火车票 200 元"，受访者被要求从两者中选择一种更愿意使用的交通方式（在一些设计中，也可选择"都不选"），由此得到的数据就是 SP 数据。本节介绍的 SP 法就是用 SP 数据和离散选择模型揭示个体行为偏好的方法。

RP 数据与 SP 数据的根本区别在于前者的选择行为是真实发生的，而后者只是在描述一种可能。在 SP 实验中，受访者通常在很短的时间内做出选择，缺少长期的行为适应，且对各种潜在约束考虑不足，因此可能出现"言行不一"的问题，从这一方面看，真实性给了 RP 数据很大的优势。但是从另一方面看，RP 数据受现实条件的约束，其选择情景常存在一些固有缺陷，而 SP 实验则可以通过系统化的实验设计，得到更理想的选择情景，RP 数据的问题恰好可以被 SP 数据较好的解决。因此，SP 数据在研究中得到了越来越广泛的应用。

5.2 SP 数据优势

如前所述，SP 数据在以下几个方面可以弥补 RP 数据的不足。

1）根据定义，RP 数据中的选项必须存在于现实之中；而 SP 数据则不受此限制，可用于对新对象、新属性的评价。例如，在高铁开通之前，不可能获得与高铁有关的 RP 数据，但是却可以通过 SP 法分析高铁对交通方式选择的影响。

2）RP 数据中的解释变量可能缺乏足够的变异，此时，即使该变量显著地影响行为，也难以从数据中体现出来。例如，不同的共享单车公司在竞争中可能采用相同的定价策略，导致价格的影响无法估计，尽管这种影响是显而易见的。而 SP 实验的设计者可以较自由地设定解释变量的取值水平，保证足够的变异。

3）RP 数据中的解释变量常常相关，使单个变量的效应无法独立的估计，影响结果的准确性。以游乐场的游客行为为例，众所周知，吸引力高的游乐设施大多需要很长的排队时间，如果用 RP 数据研究“吸引力”和“排队”对游乐设施选择的影响，那么由于这两个要素呈高度正相关，它们各自的独立效应难以估计，甚至可能得到“排队具有正效应”的反直觉结果。而在 SP 法中，可以通过实验设计使解释变量互不相关，对各要素水平进行充分比较——既包括现实中常见的“高吸引力+排队较长的游乐设施”与“低吸引力+排队较短的游乐设施”的比较，也包括其他不同组合的比较。由此，SP 数据能够很好地解决相关性问题，使各变量的效应能够独立的估计。

4）在操作层面，SP 法具有简单、快捷的优势。一般情况下，收集 SP 数据的成本远小于同等规模的 RP 数据。在 SP 实验中，每位受访者通常会回答多道选择题，且选项的属性都是由实验设计自动生成的，不需要一一测度。

5.3　基 本 原 理

图 5-1 展示了 SP 法的常见工作流程。由于前文已经详细解说了 Logit 模型在偏好分析与行为模拟中的应用，本节主要关注如何通过实验设计收集 SP 数据。

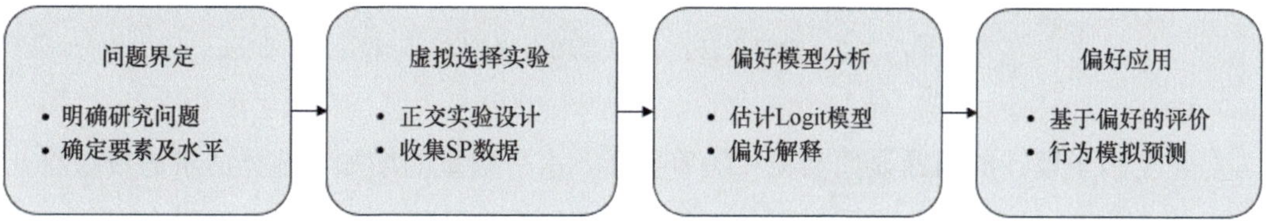

图 5-1　SP 法的常见工作流程

SP 法呈现给受访者的是一系列虚拟选择情景，每个情景中的选项由若干个要素所描述，这些要素将成为 Logit 模型中的解释变量。因此，研究者需要首先根据研究问题，考虑在 Logit 模型中纳入哪些要素。虽然实际中影响选择的要素可能很多，但是不能无限制地全部纳入，因为要素越多，所需要的实验规模越大，而且受访者需要权衡的信息量越多，增加了选择难度。所以，一般要根据文献、访谈、预调查等前期研究的结果，挑选重要性高、符合研究兴趣的要素。在此基础上，研究者需要确定每一个要素在实验中可能的取值，即要素的水平。需要注意的是，尽管要素在实际中可能有很多甚至无限多个取值，但是在实验设计中，它们的水平数是有限的，以 2～4 个水平最为常见。为了方便，通常以整数编码代替各个水平的具体取值，如以 1、2、3 分别代表三个水平。

把不同要素的特定水平组合起来，就得到了选项和选择情景。实验设计是关于如何进行要素水平组合的方法，如图 5-2 所示。图中所示的是完全因子设计（full factorial design），即考虑所有可能的组合。可以看到，对于巴士和火车两个选项，每个选项均有行程时间（x_1）、费用（x_2）两个要素，因此，需要考虑 4 个要素：巴士 x_1、巴士 x_2、火车 x_1、火车 x_2。因为每个要素均有两个水平，所以共计存在 $2×2×2×2=2^4=16$ 种可能的组合。可以用 16 行 4 列的设计矩阵表示这些组合，矩阵中的数字是水平编码，每一行对应一个选择情景。在生成问卷时，只需要把编码逐行转译成要素的实际取值，即得到 16 道选择题。

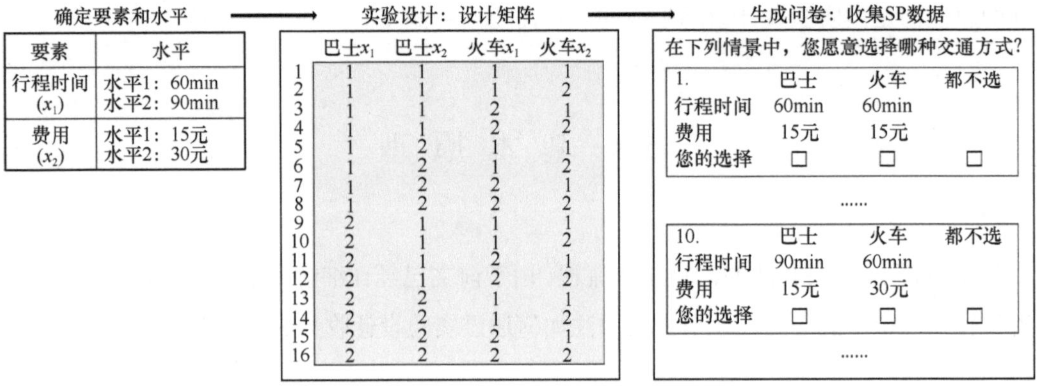

图 5-2　实验设计：从要素和水平到 SP 问卷

完全因子设计的问题显而易见：随着要素、水平数量的增加，选择情景的数量将几何增长，使 SP 实验的实施难度激增。例如，当上面的问题由 2 个两水平要素变为 3 个三水平要素时，选择情景的数量将由 16 个激增至 729 个。因此，一般不使用完全因子设计的全部选择情景，而只使用其中的一部分，即部分因子设计（fractional factorial design），其中，正交设计（orthogonal design）是最常用的部分因子设计。图 5-2 所示的是完全因子设计。如果改用正交设计，则只需要 8 个选择情景，如图 5-3 所示。

完全因子设计

	巴士x_1	巴士x_2	火车x_1	火车x_2
1	1	1	1	1
2	1	1	1	2
3	1	1	2	1
4	1	1	2	2
5	1	2	1	1
6	1	2	1	2
7	1	2	2	1
8	1	2	2	2
9	2	1	1	1
10	2	1	1	2
11	2	1	2	1
12	2	1	2	2
13	2	2	1	1
14	2	2	1	2
15	2	2	2	1
16	2	2	2	2

正交设计

	巴士x_1	巴士x_2	火车x_1	火车x_2
1	1	1	1	1
2	1	1	1	2
3	1	2	2	1
4	1	2	2	2
5	2	1	2	1
6	2	1	2	2
7	2	2	1	1
8	2	2	1	2

图 5-3　设计矩阵：完全因子设计与正交设计

正交设计使用正交表（orthogonal array）作为设计矩阵，其优势是不仅能大大减少选择情景的数量，而且具有良好的统计性质，主要包括以下两个方面。

1）要素水平均衡（attribute level balance）：对于每个要素，各个水平出现的次数相同。以图 5-3 的正交表为例，每一列中水平 1 和水平 2 出现的次数均为 4。该性质保证了 SP 数据是均匀分散、整齐可比的。

2）要素之间互不相关。可以验证，图 5-3 的正交表中，每两列之间的相关系数均为 0。如前所述，RP 数据的主要问题是解释变量相关，而该性质保证了 SP 数据不存在这一问题，Logit 模型中的所有系数可以独立的估计。

以下介绍生成正交设计的两种典型方法。

把图 5-3 采用的正交表称为 $L_8(2^4)$正交表，括号内的指数 4 表示 4 个要素，对应表中的 4 列；底数 2 表示每个要素均有 2 个水平；括号外的下标 8 表示正交设计共生成了 8 行，对应 8 个选择情景。需要注意的是，4 个要素来自于巴士、火车这两个选项各自的两个要素（4=2×2），换言之，同时考虑了选择情景中所有选项的所有要素，这样的实验设计方法称为同步正交设计（simultaneous orthogonal design）。一般地，假设

选择情景中有 M 个选项，每个选项均有 A 个要素，每个要素均有 K 个水平，则同步正交设计应当采用 $L_n(K^{MA})$正交表，n 为正交表的行数，每一行可以直接转译为一个选择情景。

与同步法相对的另一种方法是分步正交设计（sequential orthogonal design）。所谓“分步”，是指该方法首先只考虑第一个选项（而非所有选项）的要素，通过一个相对较小的正交表得到该选项的各种要素水平组合，称为轮廓（profile）；然后，其他选项的轮廓将从第一个选项的轮廓导出，如图 5-4 所示。

同步正交设计

	巴士x_1	巴士x_2	火车x_1	火车x_2
1	1	1	1	1
2	1	1	1	2
3	1	2	2	1
4	1	2	2	2
5	2	1	2	1
6	2	1	2	2
7	2	2	1	1
8	2	2	1	2

分步正交设计

	x_1	x_2
1	1	1
2	1	2
3	2	1
4	2	2

	选项一x_1	选项一x_2	选项二x_1	选项二x_2
1	1	1	2	2
2	1	2	2	1
3	2	1	1	2
4	2	2	1	1

图 5-4　设计矩阵：同步正交设计与分步正交设计

这里在分步正交设计中以选项一、选项二代替了原来的巴士、火车。图中首先使用一个 $L_4(2^2)$正交表生成选项一的各种轮廓，指数 2 表示该选项的两个要素，结果共生成 4 种轮廓；然后，把上述正交表复制一份，作为选项二的轮廓，将行的顺序随机打乱以后再拼接在原正交表的后方，使两个选项的 4 种轮廓随机比较，并保证每一次比较的两个轮廓均不同。从图 5-4 中可以看到，选项二的轮廓分别为（2，2）、（2，1）、（1，2）、（1，1），分别对应于原正交表的 4、3、2、1 行。一般地，假设选择情景中有 M 个选项，每个选项均有 A 个要素，每个要素均有 L 个水平，则分步正交设计应当采用 $L_n(K^A)$正交表，n 为正交表的行数，每一行对应选项一的一个轮廓；然后将该表复制(M–1)份，分别作为其他选项的轮廓，在随机排列行的顺序以后再拼接起来，并保证没有任何一行中的 M 个轮廓是相同的；最后再将每一行的结果转译为选择情景。

比较两种正交设计方法，从图 5-4 可以看到：对于同样的要素和水平配置，分步正交设计产生的选择情景数一般少于同步正交设计，前者更加简洁、易实施。另外，分步正交设计的正交性仅限于选项内部（within-alternative orthogonality），而同步正交设计的正交性还包括选项之间（across-alternative orthogonality），可以验证：图5-4的同步正交设计矩阵中，所有4列之间的相关系数均为0；而分步正交设计矩阵中，同一选项内部各要素之间（如选项一 x_1 和选项一 x_2）的相关系数为0，但是不同选项的要素之间（如选项一 x_1 和选项二 x_2）的相关系数不一定为0。因此，前者具有更好的正交性。

如何选用这两种正交设计方法呢？一个实用的依据是数据是否有标签。图5-4中的"选项一、选项二"属于无标签数据（unlabeled data），受访者不能从选项名称中获得任何信息，类似的选择集如"城市一、城市二""店铺 A、店铺 B"；相反地，"巴士、火车"属于有标签数据（labeled data），选项名称是有实际意义的，类似的选择集如"上海、杭州""网店、实体店"。两种数据在 Logit 建模中存在区别，这里介绍在它们在实验设计中的不同考虑。

1）无标签数据同时适用于两种正交设计方法，但分步正交设计更易于实施：如前所述，分步法产生的选择情景相对较少，具有简洁性优势；虽然同步法的正交性更好，但是对于无标签数据而言，选项内正交性远比选项间正交性重要。

2）有标签数据一般采用同步正交设计：分步法的工作流程决定了其所有选项必须具有相同的要素和水平配置，否则将无法从一个选项导出其他选项。无标签数据显然满足这一要求，但是对于有标签数据，常常需要根据标签的实际情况，设置不同的要素和水平。例如，在"网店、实体店"的选择中，店铺区位、交通时间、营业面积是实体店独有的要素，而网络平台是网店独有的要素。只有当有标签数据中各选项的要素和水平配置完全相同时，才能使用分步法，否则需要使用同步法。

以上系统介绍了 SP 法正交设计的基本原理，实践中一般通过软件实现。Ngene 是最专业的软件，SPSS、Minitab 等软件也提供了相应的功能，研究者只需要指定要素和水平，即可自动生成正交表。

除此之外，还有两个实务问题值得说明。

第一是问卷的拆分（blocking）。出于可实施性和数据质量的考虑，一份 SP 问卷中的选择情景不宜过多，根据 Carson 等学者的研究，在大多数 SP 调查中，每位受访者完成1～16次选择，平均在8次左右。然而在许多情况下，正交设计产生的选择情景数量远高于这个水平。此时，一般需要将问卷拆分为不同的版本，每位受访者仅回答一个版本。研究者可以将选择情景随机分配到不同问卷中，也可以采用以下方法，使拆分后问题的分布更加均匀：在正交设计时额外增加一个"分块列"，把该列的水平数量设定为拟生成的问卷版本数量，在得到正交表以后，分块列的每一个水平即对应于一套问卷。图 5-5 在前述的同步正交设计的基础上增加一个两水平分块列，将 $L_8(2^4)$正交表变为 $L_8(2^5)$正交表，二者均产生 8 个选择情景[①]，然后根据分块列的两个水平，分别得到两组各 4 个选择情景。这一策略可以使分块后的设计矩阵仍然保持要素水平均衡，避免了受访者只接触特定要素的特定水平；另外，每个分块的设计矩阵不再满足要素之间相互独立，只有当每个分块收集到相同数量的问卷时，才能使总体数据是正交的。

增加分块列

	巴士x_1	巴士x_2	火车x_1	火车x_2	分块
1	1	1	1	1	1
2	1	2	1	2	1
3	2	1	2	2	1
4	2	2	2	1	1
5	1	1	2	1	2
6	1	2	2	2	2
7	2	1	1	2	2
8	2	2	1	1	2

拆分问卷

问卷一使用的设计矩阵：分块=1

	巴士x_1	巴士x_2	火车x_1	火车x_2	分块
1	1	1	1	1	1
2	1	2	1	2	1
3	2	1	2	2	1
4	2	2	2	1	1

问卷二使用的设计矩阵：分块=2

	巴士x_1	巴士x_2	火车x_1	火车x_2	分块
1	1	1	2	1	2
2	1	2	2	2	2
3	2	1	1	2	2
4	2	2	1	1	2

图 5-5　利用分块列拆分正交设计的选择情景

第二是对特殊选择情景的处理。在实验设计生成的选择情景中，经常会出现完全占优选项。以图 5-5 的分步正交设计为例，第 1 行的两个选项分别为“选项一：行程时间 60min，费用 15 元”与“选项二：行程时间 90min，费用 30 元”，如果默认行程时间与费用均为越小越好，那么选项一在两个要素上均优于选项二，前者被选中的期望概率为 100%。还有一些情况下，实验设计可能生成不现实的选项，如“航空：机场等候时间为 0min”。对于如何处理这些可能存在问题的选择情景，目前并没有明确定论。许多研究者将它们删除，这样无疑将导致实验设计失去正交性。但是需要指出的是，即使确保了实验设计的正交性，实际调查收集的数据也有非常大的可能是非正交的，原因包括问卷中存在缺失值、各版本问卷的回收率不一致、使用虚拟变量等。对此，研究者不必过于担心，因为即使对正交性有一定程度的违背，SP 数据仍然能很好地改善解释变量相关的问题；同时，一些被称为高效设计（effect design）的非正交实验设计方法甚至表现更佳。

① 在一些情况下，额外的分块列会导致选择情景的增加。

5.4　方 法 解 说

本节以老年人的养老机构选择为例，详细解说 SP 法的应用。

在我国快速老龄化的背景下，将有越来越多的老年人选择在养老院中安度晚年。然而在老龄化程度最重的上海市，却出现了市区养老机构“一床难求”与郊区养老机构“空置率高”并存的现象。针对这一现象，研究者希望通过 SP 法分析上海市老年人对于养老机构的偏好特征，为养老机构的规模配置提供支持。

影响养老机构选择的要素有很多，如经营性质、床位规模、区位、离家距离、空气质量、安静程度、周边景色、综合医院、周边生活设施、周边公园绿地、地铁站、公交站、停车场、日常服务、居室类型、养老服务、月花费等。通过前期访谈，确定在 SP 实验中考虑 7 个关键要素，各自的水平设置如表 5-1 所示。其中，综合医院是指养老机构到最近综合医院的时间距离，地铁站是指养老机构 1km 范围内是否有地铁站。

表 5-1　养老机构选择影响要素及水平设置

要素	水平			
	1	2	3	4
Loc：区位	市区	近郊区	远郊区	
Home：离家距离	10min	20min	40min	60min
Air：空气质量	很好	一般		
Hosp：综合医院	5min	15min	30min	45min
Metro：地铁站	有	无		
Serv：养老服务	很好	一般		
Fee：月花费	1500 元	2000 元	2500 元	3000 元

本案例拟在每个选择情景中，由受访者从两个备选的养老机构——“养老机构 A”和“养老机构 B”中比较选择，如果都不能接受，则回答“都不选”。这样的数据显然是非标签数据，两个备选养老机构的要素和水平设置完全相同，因此可以采用分步正交设计产生相对较少的选择情景。

首先生成养老机构 A 的轮廓（要素水平组合）。由于 7 个要素中包括 1 个三水平要素（区位）、3 个两水平要素（空气质量、地铁站、养老服务）、3 个四水平要素（离家距离、综合医院、月花费），所以完全因子设计的规模是 $3^1 \times 2^3 \times 4^3$。在 Ngene 软件中产生该因子实验的正交设计矩阵，如表 5-2。正交设计共产生了 24 种组合，该数字远低于完全因子设计的 1536 种组合。可以验证，表 5-2 中每两列之间的相关系数为 0，每个要素的各水平出现的次数相同，满足要素水平均衡①。

表 5-2　分步正交设计：生成养老机构 A 的正交设计矩阵

编号	区位	离家距离	空气质量	综合医院	地铁站	养老服务	月花费
1	1	1	1	1	1	1	1
2	1	1	2	4	2	1	3
3	1	3	2	3	1	2	2
4	1	3	2	2	2	2	3
5	2	2	1	2	1	2	4
6	2	3	1	1	2	1	2
7	2	4	1	4	1	1	1
8	2	4	2	2	2	1	4
9	3	1	1	4	1	2	4
10	3	2	2	3	2	1	2
11	3	2	2	1	1	2	3
12	3	4	1	3	2	2	1
13	1	4	2	4	1	2	2
14	1	4	1	1	2	2	4
15	1	2	1	2	1	1	1
16	1	2	1	3	2	1	4
17	2	3	2	3	1	1	3
18	2	2	2	4	2	2	1
19	2	1	2	1	1	2	2
20	2	1	1	3	2	2	3
21	3	4	2	1	1	1	3
22	3	3	1	2	2	2	1
23	3	3	1	4	1	1	4
24	3	1	2	2	2	1	2

① SPSS 的正交设计功能虽然可以保证各列之间不相关，但是当不同要素的水平数量不一致时，经常会出现要素水平不均衡的问题。对于本例，SPSS 将输出 16 种组合，其中三水平的 Loc（区位）列中，水平=1 出现 8 次，水平=2 或 3 各出现 4 次。因此，在使用 SPSS 进行正交实验设计时，应注意检查要素水平是否均衡。如不均衡，可以考虑修改要素水平设置，使各要素的水平数量尽可能相同，或具有倍数关系（如水平数=2 或 4，而非 2 或 3）。

然后将表 5-2 复制一份，并随机排列行的顺序，作为养老机构 B 的轮廓，如表 5-3。请注意，表中的编号是每一行在表 5-2 中的编号，其顺序已经随机打乱。改变行的顺序不会影响正交性，因此表 5-3 的各要素依然是正交的。

表 5-3 分步正交设计：导出养老机构 B 的正交设计矩阵

编号	区位	离家距离	空气质量	综合医院	地铁站	养老服务	月花费
22	3	3	1	2	2	2	1
7	2	4	1	4	1	1	1
9	3	1	1	4	1	2	4
10	3	2	2	3	2	1	2
19	2	1	2	1	1	2	2
21	3	4	2	1	1	1	3
3	1	3	2	3	1	2	2
1	1	1	1	1	1	1	1
4	1	3	2	2	2	2	3
12	3	4	1	3	2	2	1
17	2	3	2	3	1	1	3
11	3	2	2	1	1	2	3
23	3	3	1	4	1	1	4
6	2	3	1	1	2	1	2
16	1	2	1	3	2	1	4
5	2	2	1	2	1	2	4
15	1	2	1	2	1	1	1
13	1	4	2	4	1	2	2
20	2	1	1	3	2	2	3
2	1	1	2	4	2	1	3
18	2	2	2	4	2	2	1
8	2	4	2	2	2	1	4
24	3	1	2	2	2	1	2
14	1	4	1	1	2	2	4

将表 5-3 拼接在表 5-2 的后面，每一行对应的两个轮廓进行比较，即得到 24 个选择情景，如表 5-4。虽然养老机构 A 的 7 个要素是正交的，养老机构 B 的 7 个要素也是正交的，但是它们之间并不正交。好在对于无标签数据，这种跨选项的正交性并不重要。

表 5-4　分步正交设计：组成选择情景

选择情景	养老机构 A							养老机构 B						
	区位	离家距离	空气质量	综合医院	地铁站	养老服务	月花费	区位	离家距离	空气质量	综合医院	地铁站	养老服务	月花费
1	1	1	1	1	1	1	1	3	3	1	2	2	2	1
2	1	1	2	4	2	1	3	2	4	1	4	1	1	1
3	1	3	2	3	1	2	2	3	1	1	4	1	2	4
4	1	3	2	2	2	2	3	3	2	2	3	2	1	2
5	2	2	1	2	1	2	4	2	1	2	1	1	2	2
6	2	3	1	1	2	1	2	3	4	2	1	1	1	3
7	2	4	1	4	1	1	1	1	3	2	3	1	2	2
8	2	4	2	2	2	1	4	1	1	1	1	1	1	1
9	3	1	1	4	1	2	4	1	3	2	2	2	2	3
10	3	2	2	3	2	1	2	3	4	1	3	2	2	1
11	3	2	2	1	1	2	3	2	3	2	3	1	1	3
12	3	4	1	3	2	2	1	3	2	2	1	1	2	3
13	1	4	2	4	1	2	2	3	3	1	4	1	1	4
14	1	4	1	1	2	2	4	2	3	1	1	2	1	2
15	1	2	1	2	1	1	1	1	2	1	3	2	1	4
16	1	2	1	3	2	1	4	2	2	1	2	1	2	4
17	2	3	2	3	1	1	3	1	2	1	2	1	1	1
18	2	2	2	4	2	2	1	1	4	2	4	1	2	2
19	2	1	2	1	1	2	2	2	1	1	3	2	2	3
20	2	1	1	3	2	2	3	1	1	2	4	2	1	3
21	3	4	2	1	1	1	3	2	2	2	4	2	2	1
22	3	3	1	2	2	2	1	2	4	2	2	2	1	4
23	3	3	1	4	1	1	4	3	1	2	2	2	1	2
24	3	1	2	2	2	1	2	1	4	1	1	2	2	4

上述过程也可以这样理解：分步法首先通过正交设计生成了 24 个选项（表 5-2），然后对它们进行随机组合比较——假设有两个“篮子”分别装有这 24 个选项，每次从两个“篮子”中无放回地抽出一个选项，组成一个选择情景，结果共有 24 种组合。随机组合比较是一种简洁的比较方式，反之，如果对 24 个选项进行两两比较，则组合情景的数量高达 C_{24}^{2}=276 种。需要注意的是，在随机组合时不能恰好出现“自己与自己相比”的情况，对于无标签数据，这样的比较显然是没有意义的。

另外，如果采取同步正交设计，则需要同时考虑“养老机构 A”和“养老机构 B”各自的 7 个要素，共 14 个要素。例如，区位被视为两个要素——“养老机构 A 的区位”，以及“养老机构 B 的区位”，这种方式也被称为要素与选项交叉。前文已经指出，本案例中一个选项的完全因子设计规模是 $3^1\times2^3\times4^3$，那么两个相同选项的完全因子设计模型是$(3^1\times2^3\times4^3)^2=3^2\times2^6\times4^6$。在 Ngene 软件中产生该因子实验的正交设计矩阵，如表 5-5，每一行直接对应一个选择情景。可以验证，每一列中各水平出现的次数相等，任意两列之间的相关系数均为 0，同时满足选项内部和跨选项的正交性。同步正交设计共产生了 36 个选择情景，多于分步正交设计的 24 个；同时，注意到第 1 个选择情景中，两个养老机构的要素水平组合完全相同，出现了前述的“自己与自己相比”的无意义情况。因此，在综合考虑以后，仍采用表 5-3 所示的分步正交设计结果。

表 5-5　同步正交设计：要素与选项正交后，直接生成选择情景

选择情景	养老机构 A							养老机构 B						
	区位	离家距离	空气质量	综合医院	地铁站	养老服务	月花费	区位	离家距离	空气质量	综合医院	地铁站	养老服务	月花费
1	1	1	1	1	1	1	1	1	1	1	1	1	1	1
2	1	3	2	3	1	2	3	3	1	1	1	1	2	3
3	2	3	2	3	2	2	1	2	1	1	3	1	1	2
4	3	2	2	4	1	2	1	3	3	2	4	1	1	3
5	3	4	1	4	2	1	1	1	3	2	2	2	2	1
6	2	4	1	2	1	2	3	2	3	2	2	2	1	2
7	1	2	1	1	2	2	4	2	3	2	3	1	2	1
8	2	4	2	1	1	1	2	3	3	2	3	1	2	4
9	1	2	2	3	2	1	4	1	3	2	1	2	1	4
10	3	4	1	2	2	1	4	3	2	1	3	1	1	3
11	2	2	1	2	2	2	2	1	2	1	1	2	2	4
12	3	2	2	4	1	1	4	2	2	1	3	2	2	2
13	3	3	2	1	2	1	3	1	2	2	4	2	1	3
14	3	1	1	1	2	2	1	2	2	2	2	1	2	4
15	2	1	1	3	1	1	3	3	2	2	4	2	2	2
16	2	1	2	2	1	1	2	3	4	1	2	1	1	1
17	1	3	1	4	1	2	4	2	4	1	2	1	2	3
18	1	3	2	4	2	2	2	1	4	1	4	2	1	2
19	1	1	2	2	2	2	4	3	1	2	4	2	2	1
20	1	3	1	2	1	1	2	1	1	2	4	1	2	4

续表

选择情景	养老机构A							养老机构B						
	区位	离家距离	空气质量	综合医院	地铁站	养老服务	月花费	区位	离家距离	空气质量	综合医院	地铁站	养老服务	月花费
21	2	1	2	4	2	1	4	2	1	2	2	1	1	4
22	2	2	1	3	1	2	2	1	1	1	4	2	1	3
23	3	4	2	3	2	1	2	2	1	1	2	1	2	1
24	3	4	1	1	1	2	4	3	1	1	2	2	1	2
25	2	3	1	2	2	1	3	2	3	1	3	2	1	3
26	3	1	2	2	2	2	1	3	3	1	1	2	2	4
27	3	1	1	4	1	1	3	1	3	1	3	1	2	2
28	2	2	2	1	2	2	3	1	4	1	4	1	2	1
29	1	4	2	1	1	1	1	2	4	1	4	2	2	4
30	1	2	1	3	2	1	3	3	4	1	2	1	1	4
31	3	1	1	3	1	2	2	2	4	2	3	2	1	3
32	2	3	1	3	2	1	2	3	4	2	1	2	2	1
33	3	3	2	1	1	2	4	1	4	2	1	1	1	2
34	1	2	2	2	1	1	1	2	2	2	1	2	1	1
35	2	4	2	4	1	2	3	1	2	2	1	1	2	3
36	1	4	1	4	2	2	1	3	2	2	3	1	1	2

将表5-4中的水平编码转译成水平的实际取值，即生成SP问卷。例如，第1、第5、第10行对应的选择情景如图5-6。为便于调查，24个选择情景被随机拆分为3个版本的问卷，每位受访者只需要完成其中一版问卷，共8个选择情景。基于数据正交性的考虑，每版问卷应当尽量收集相同的份数，尽管这一点在实施中有一定的难度。本案例中，三个版本的问卷分别回收了50份，共有50×3=150位老年受访者，数据集中共包括50×3×8=1200次选择。

SP数据集的形式如表5-6，共有3600行，每3行为一组，对应一次选择，这样的长表形式是Logit模型数据所特有的，已经在之前介绍过。表中第（1）列为受访者编号1～150，第（2）列为选择情景编号1～1200，第（3）列为备选项编号A/B/C，第（4）列以0/1代表该行的备选项是否被选中，是Logit模型的因变量。第（5）～第（12）列对应于表5-1的各要素，是Logit模型的解释变量，其中Loc（区位）作为三分类变量，以两个虚拟变量——Loc1（近郊区）、Loc2（远郊区）——表示，参照水平为市区。特别需要注意的是，如果SP实验中包含“都不选”这一特殊选项，通常在准备数据时

1. 请选择您认为可以接受的养老机构：

	区位	离家距离	空气质量	综合医院	地铁站	养老服务	月花费	您的选择
A	市区	10min	很好	5min	有	很好	1500 元	□
B	远郊区	40min	很好	15min	无	一般	1500 元	□
C	都不选							□

5. 请选择您认为可以接受的养老机构：

	区位	离家距离	空气质量	综合医院	地铁站	养老服务	月花费	您的选择
A	近郊区	20min	很好	15min	有	很好	3000 元	□
B	近郊区	10min	一般	5min	有	很好	2000 元	□
C	都不选							□

10. 请选择您认为可以接受的养老机构：

	区位	离家距离	空气质量	综合医院	地铁站	养老服务	月花费	您的选择
A	远郊区	20min	一般	30min	无	很好	2000 元	□
B	远郊区	60min	很好	30min	无	一般	1500 元	□
C	都不选							□

图 5-6　SP 问卷示例

专门为其设置一个虚拟变量，本案例中为第（13）列“Neither”。该变量的取值仅在“都不选”（本案例的选项 C）上为 1，而在其他选项（本案例的选项 A 和 B）上为 0，同时“都不选”选项在该变量以外的其他变量上取值均为 0。这样的设置使得“都不选”与其他选项具有不同的效用形式，如式(5-1)。选项 A 和 B 的效用由养老机构的各要素定义，Neither 由于恒等于 0，被排除在外；选项 C 则相反，由于除 Neither 以外的所有变量恒等于 0，所以其效用正好等于 Neither 的系数。

$$
\begin{aligned}
V_{\mathrm{A}} &= \beta_{\mathrm{Loc1}}\mathrm{Loc1}_{\mathrm{A}} + \beta_{\mathrm{Loc2}}\mathrm{Loc2}_{\mathrm{A}} + \beta_{\mathrm{Home}}\mathrm{Home}_{\mathrm{A}} + \beta_{\mathrm{Air}}\mathrm{Air}_{\mathrm{A}} + \beta_{\mathrm{Hosp}}\mathrm{Hosp}_{\mathrm{A}} \\
&\quad + \beta_{\mathrm{Metro}}\mathrm{Metro}_{\mathrm{A}} + \beta_{\mathrm{Serv}}\mathrm{Serv}_{\mathrm{A}} + \beta_{\mathrm{Fee}}\mathrm{Fee}_{\mathrm{A}} \\
V_{\mathrm{B}} &= \beta_{\mathrm{Loc1}}\mathrm{Loc1}_{\mathrm{B}} + \beta_{\mathrm{Loc2}}\mathrm{Loc2}_{\mathrm{B}} + \beta_{\mathrm{Home}}\mathrm{Home}_{\mathrm{B}} + \beta_{\mathrm{Air}}\mathrm{Air}_{\mathrm{B}} + \beta_{\mathrm{Hosp}}\mathrm{Hosp}_{\mathrm{B}} \\
&\quad + \beta_{\mathrm{Metro}}\mathrm{Metro}_{\mathrm{B}} + \beta_{\mathrm{Serv}}\mathrm{Serv}_{\mathrm{B}} + \beta_{\mathrm{Fee}}\mathrm{Fee}_{\mathrm{B}} \\
V_{\mathrm{C}} &= \beta_{\mathrm{Neither}}\mathrm{Neither}_{\mathrm{C}} = \beta_{\mathrm{Neither}}
\end{aligned} \tag{5-1}
$$

对上述 Logit 模型进行估计，结果如表 5-7 所示。

表 5-6　SP 数据示例：养老机构选择

受访者（1）	选择情景（2）	备选项（3）	选择结果（4）	近郊区（5）	远郊区（6）	离家距离（7）	空气质量（8）	综合医院（9）	地铁站（10）	养老服务（11）	月花费（12）	Neither（13）
1	**1**	**A**	**1**	**0**	**0**	**10**	**0**	**5**	**0**	**0**	**1500**	**0**
1	1	B	0	0	1	40	0	15	1	1	1500	0
1	1	C	0	0	0	0	0	0	0	0	0	1
1	2	A	0	0	0	40	1	15	1	1	2500	0
1	**2**	**B**	**1**	**0**	**1**	**20**	**1**	**30**	**1**	**0**	**2000**	**0**
1	2	C	0	0	0	0	0	0	0	0	0	1
1	3	A	0	0	1	40	0	45	0	0	3000	0
1	3	B	0	0	1	10	1	15	1	0	2000	0
1	**3**	**C**	**1**	**0**	**0**	**0**	**0**	**0**	**0**	**0**	**0**	**1**
1	4	A	0	0	0	20	0	15	0	0	1500	0
1	**4**	**B**	**1**	**0**	**0**	**20**	**0**	**30**	**1**	**0**	**3000**	**0**
1	4	C	0	0	0	0	0	0	0	0	0	1
1	**5**	**A**	**1**	**1**	**0**	**60**	**0**	**45**	**0**	**0**	**1500**	**0**
1	5	B	0	0	0	40	1	30	0	1	2000	0
1	5	C	0	0	0	0	0	0	0	0	0	1

注：加粗着重显示的是每一个选择情景中被选中的选项情况。

表 5-7　Logit 模型变量

变量	系数（coefficient）	标准误（S.E.）	z 值	相伴概率（p 值）
样本量（N）	1200			
变量个数（K）	9			
对数似然值（LL）	−1061.67			
r^2	0.1947			
β_{Loc1}	−0.5598	0.1139	−4.9158	<0.0001
β_{Loc2}	−1.8831	0.1348	−13.9731	<0.0001
β_{Home}	−0.0107	0.0028	−3.8344	<0.0001
β_{Air}	−0.2984	0.1013	−2.9450	0.0032
β_{Hosp}	−0.0295	0.0038	−7.8408	<0.0001
β_{Metro}	−0.4769	0.1065	−4.4781	<0.0001
β_{Serv}	−0.8801	0.1022	−8.6125	<0.0001
β_{Fee}	−0.0008	0.0001	−8.8116	<0.0001
β_{Neither}	−4.6774	0.3115	−15.018	<0.0001

可以看到，模型的 r^2 为 0.1947，拟合优度良好，所有变量都在 5%的水平下显著。通过对系数估计值的分析，可以得到老年人对于养老机构选择的偏好：在区位方面，老年人对市区、近郊区、远郊区的偏好依次下降，远郊区的效用尤其低；离家距离和到最近综合医院的距离均具有负效用，但后者的系数是前者的近 3 倍，反映出老年人更重视医院的可达性；空气质量、地铁站、养老服务、月花费的系数均为负，反映出老年人更偏好于空气质量好、附近有地铁站、养老服务好、月花费低的养老机构。这些要素之间具体的权衡关系可以通过计算支付意愿来反映，例如：①到最近综合医院的距离每减少 1min（其他要素不变），老年人愿意增加的月花费为(– 0.0295)÷(– 0.0008)=36.88 元；②当养老机构的区位由市区变为近郊区时，如果离家距离也相应地增加 30min（其他要素不变），要使养老机构的总效用保持不变，需要月花费降低(– 0.0107×30 – 0.5598)÷(– 0.0008)=1101 元，或者到综合医院的距离减少(– 0.0107×30 – 0.5598)÷(– 0.0295)=29.86min。最后，“都不选”的效用为– 4.6774，其作用相当于可接受阈值，当养老机构的效用水平低于该阈值时，老年人倾向于拒绝该养老机构。

利用上述偏好探讨本案例开始提出的问题，比较市区、近郊区、远郊区养老机构的效用，如表 5-8。表中的要素水平是由研究者根据不同区位的典型情况人为设定的。计算可得，市区、近郊区、远郊区养老机构的效用分别为– 4.0930、– 4.4479、– 5.5639。如果在三者之中选择一个，则概率分别为 52%、36%、12%；如果各自与“都不选”（效

表 5-8　偏好结果在规划中的应用：不同区位养老机构一般模式比较

要素		系数	养老机构		
			市区	近郊区	远郊区
区位	近郊区	– 0.5598	0	1	0
	远郊区	– 1.8831	0	0	1
离家距离/min		– 0.0107	10	40	60
空气质量		– 0.2984	一般	一般	很好
综合医院/min		– 0.0295	10	20	30
地铁站		– 0.4769	有	无	无
养老服务		– 0.8801	一般	很好	很好
月花费/元		– 0.0008	3000	2500	2000
效用			– 4.0930	– 4.4479	– 5.5639
选择概率/%	三者相互比较		52	36	12
	各自与“都不选”比较		64	56	29

用：– 4.6774）进行比较选择，则三者被接受的概率分别为 64%、56%、29%。由此可见，郊区养老机构在空气质量、养老服务、月花费上的优势不足以扭转其在区位、可达性、医疗条件上的不足，为了吸引市区老年人入住，需要在这些劣势项上进一步改善。研究者可以进一步模拟不同的改善策略所带来的效用和选择概率的变化，从而为养老机构的规划设计提供决策支持。

5.5 应 用 案 例①

【摘要】 为了改善与日常生活息息相关的社区休闲步行环境，研究运用叙述性偏好法调查居民对休闲步行环境的选择偏好。作者通过正交设计生成选择情景，并创新性地以图示法表达。在此基础上，对 SP 数据构建离散选择模型，量化研究不同环境要素的影响机制。根据模型结果，以上海市杨浦区鞍山新村地区作为实际案例，评价步行环境的现状，对具体改造措施的实施效果进行量化评估。

【解说】 本案例通过 SP 法设计步行环境偏好调查问卷。作者在文献梳理和预调查的基础上，确定影响休闲步行环境偏好的 14 项环境要素，分别是：大交叉口数量、小交叉口数量、机动车流量大小、人流量大小、有效通行宽度、遮阴情况、步行环境界面情况、绿化隔离情况、是否途经公园、是否途经街头广场、是否沿河、是否折返、是否有座椅以及步行路径长度，这些环境要素的水平设定如表 5-9。

表 5-9 休闲步行环境选择影响要素及水平设置

影响要素	水平 1	水平 2	水平 3
大交叉口数量	没有	一个	一个，有天桥
小交叉口数量/个	少量（≤2）	多量（>2）	
机动车流量大小	较少	较多	
人流量大小	较小	较多	
有效通行宽度/m	较宽（>3）	较窄（≤3）	
遮阴情况	较多	较少	
步行环境界面情况	绿化围墙	带咖啡座的建筑界面	橱窗建筑界面
绿化隔离情况	有	无	

① 刘珺，王德，朱玮，等. 2017. 基于行为偏好的休闲步行环境改善研究. 城市规划，41（9）：58-63.

续表

影响要素	水平1	水平2	水平3
是否途经公园	是	否	
是否途经街头广场	是	否	
是否沿河	是	否	
是否折返	是	否	
是否有座椅	是	否	
步行路径长度/min	20	45	60

根据以上要素，采用正交设计生成选择情景。一般的 SP 问卷使用表格和文字描述选择情景，这种方式虽然可以明确地表达所有信息，但是不够直观，特别是要素较多时，会出现大量的文字描述，受访者不容易保持专注。本研究采用图示法描述选择情景，如图 5-7 所示。机动车流量大小、人流量大小、绿化隔离情况、有效通行宽度、步行环境界面情况和遮阴情况使用尽量贴近真实的图像来整合表达，是否经过交叉口、公园、河流等其他要素则使用图标表达。这种方式最大的优势是直观易懂、贴近现实，受访者能够快速联想和判断；可能存在的问题是，研究者难以确定受访者能否从图示中读取所有要素。

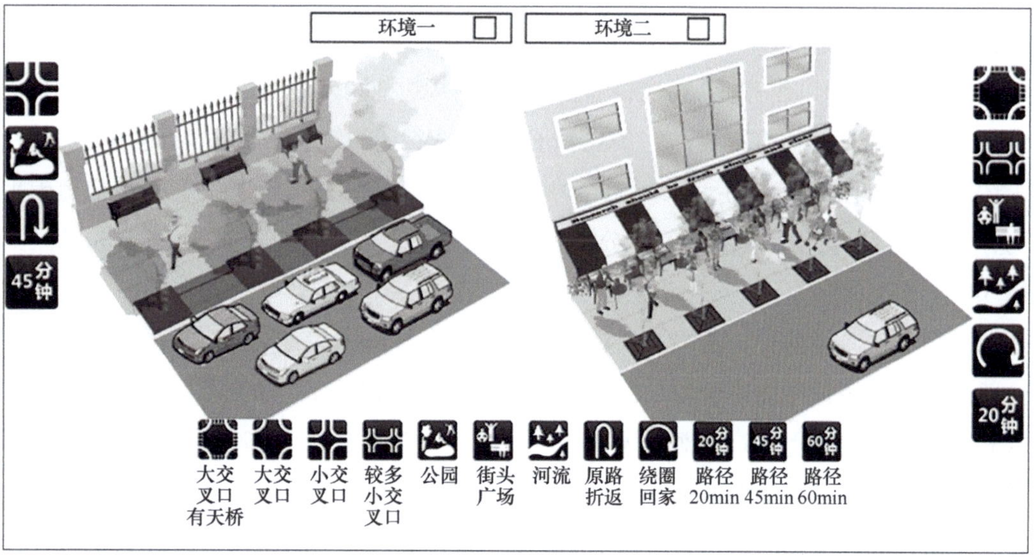

图 5-7 图示法 SP 问卷示例

调查发放了 400 份问卷，回收有效问卷 387 份，共包含 1268 次选择记录。对这些记录建立 Logit 模型，结果如表 5-10 所示，表中只显示了在 10%水平下显著的变量。

表 5-10　Logit 模型结果：休闲步行环境选择

变量		系数值	显著性（p 值）
人行道界面	带咖啡座的建筑界面（是=1）	0.2887	0.0039
	橱窗建筑界面（是=1）	0.2611	0.0063
有效通行宽度	较宽（是=1）	0.3173	<0.0001
机动车流量大小	较少（是=1）	1.2330	<0.0001
人流量大小	较少（是=1）	0.3185	<0.0001
遮阴情况	较多（是=1）	0.4176	<0.0001
是否途经公园	是（是=1）	0.1632	0.0196
步行路径长度	步行时间	−0.0041	0.0948
对数似然值		−915.5823	
模型拟合优度（r^2）		0.1879	

模型的拟合优度良好，各要素的系数反映了步行者对步行环境的选择偏好。机动车流量大小是影响最大的要素，其次是遮阴情况、人流量大小、有效通行宽度、人行道界面情况、是否途经公园。注意到上述要素都是 0/1 虚拟变量，量纲相同，所以系数绝对值的大小是直接可比的。

基于偏好结果，作者以上海市杨浦区鞍山新村周边地区为案例，对城市步行空间环境进行了现状评价。评价依据是每一条城市外部道路人行道的效用——首先实地调查它们在上述各要素上的表现，然后利用表 5-10 中的系数计算效用，最后将效用的取值范围平均分为 4 个区间，由此将各人行道分为优秀、良好、中等、较差 4 个等级。评价结果如图 5-8。

最后，作者根据评价结果，针对性地提出各人行道的改善措施。例如，彰武路部分路段的现状步行环境效用为 0.68，评价等级为“中等”，存在的主要问题是车流量过大和有效通行宽度不足。针对上述问题，具体措施有两个：一是减少过境交通量，引导车量分流；二是增加有效通行面积，自行车集中停车。考虑行人步行环境偏好中，机动车流量的影响更大，因此优先采用前者，此时的步行环境效用可提升到 1.97，评价等级为“良好”；如果进一步采取后者，则改造后的步行环境效用为 2.23，评价等级为“优秀”。

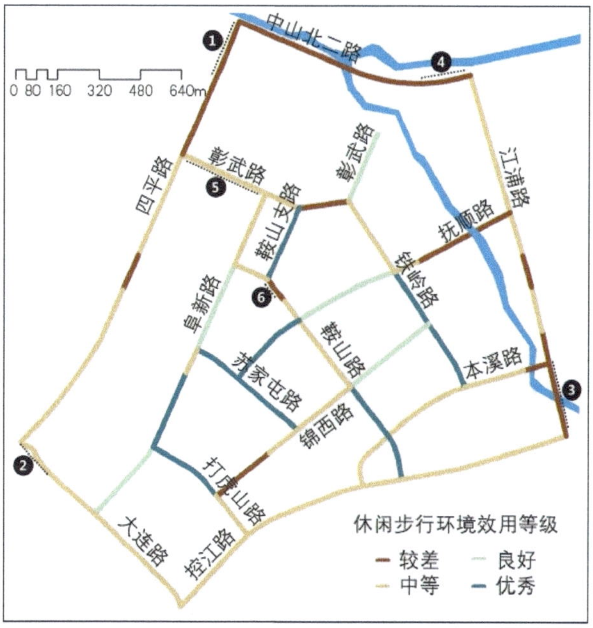

图 5-8　基于效用的步行环境现状评价

利用上述方法，对现状步行环境为“较差”和“中等”的人行道进行改善。其中，外围交通性道路步行环境的改善目标为“中等”，内部生活性道路步行环境的改善目标为“优秀”。各条典型路段具体的措施如表 5-11，改善效果如图 5-9。可以看到，这些措施基本实现了既定目标。

表 5-11　典型路段步行环境改善措施及效果

路段编号	道路名称	现状环境效用	现状评价	优先改善环境要素	改造措施举例	改善后环境效用	改善后评价
1	四平路	0.42	较差	有效通行宽度	行道树树池铺设 便于通行的盖板	1.02	中等
2	大连路	0.68	中等	有效通行宽度	集约有效停车	1.28	中等
3	江浦路	0.26	较差	遮阴情况	增加遮阴设施	0.97	中等
4	中山北二路	0	较差	遮阴情况	增加遮阴设施	0.71	中等
5	彰武路	0.68	中等	机动车流量大小+ 有效通行宽度	引导车流量分流+ 集约有效停车	2.23	优秀
6	鞍山路	0.42	较差	机动车流量大小	引导车流量分流	1.97	良好

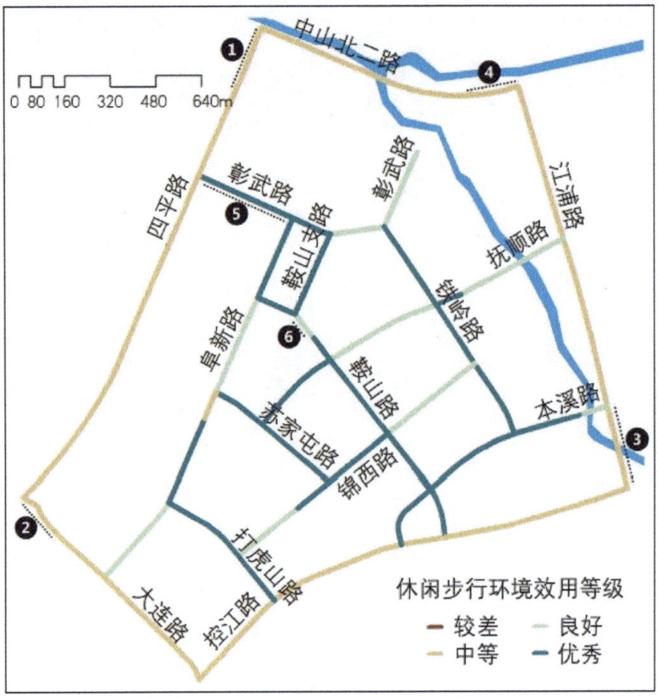

图 5-9　基于效用的步行环境改善后评价

参 考 文 献

刘珺, 王德, 朱玮, 等. 2017. 基于行为偏好的休闲步行环境改善研究. 城市规划, 41(9): 58-63.

宋姗, 王德, 朱玮, 等. 2016. 基于需求偏好的上海市养老机构空间配置研究. 城市规划, 40(8): 58-63.

Choice Metrics Ltd. 2018. Ngene 1.2 User Manual & Reference Guide. New York: Econometric Software.

Louviere J J, Hensher D A, Swait J D. 2000. Stated Choice Methods: Analysis and Applications. Cambridge: Cambridge University Press.

第6章

离散选择模型发展进展

6.1 概　　要

离散选择模型自提出以来，已逐渐发展成为研究个体选择行为最为有力的工具。从最基本的多项 Logit 模型起步，随着研究问题的复杂化和模型设定的精细化，目前已建构了包括一系列模型在内的较为完整的理论体系，并在实践中广泛应用。国外有关离散选择模型的研究成果异常丰富，其中系统性介绍经典模型方法的著作可见 Hensher 等（2005）、Train（2009）、Greene（2012），此外，有大量的文献从不同的理论视角和众多应用领域推动模型在广度和深度上不断发展[①]。国内对离散选择模型的研究起步较晚，理论层面的专著仅见关宏志（2004）的基础性介绍。近年来虽然相关研究成果的数量不断增长，但整体上仍以 Logit 模型的直接应用为主，理论基础相对较弱。聂冲等（2005）曾对离散选择模型进行过研究综述，包括对模型基本原理进行阐述并简要回顾了一些经典模型在理论上的发展演进。在其基础上，本章所进行的综述工作主要目的在于：一方面重点分析各经典模型的适用性，旨在加深理解，提高应用研究的理论支撑；另一方面继续拓展理论综述的范围，进一步关注国外理论发展的其他热点和新动向。

本章节的结构组织如下：6.2 节结合最为基础的多项 Logit 模型对离散选择模型的一般原理和应用价值进行简要回顾；6.3 节针对多项 Logit 模型的种种问题，重点介绍一些经典的精细化模型；6.4 节分别探讨若干个其他值得注意的研究关注点；6.5 节为全章总结。

6.2 离散选择模型基础

6.2.1 一般原理

离散选择模型的一般原理——随机效用理论（random utility theory）可以用如下的模型形式表达。假设选择者 n 在 J 个备选项中进行选择，每个备选项 j（j=1，…，J）对应一定的效用 U_{nj}，即满足选择者 n 一定的需求，从而使其获得满足感。该效用由固定

① 根据在中国知网上对关键词为“离散选择模型”的搜索结果，2000～2013 年，相关文献数量持续增长，年均增长率近 30%。

与随机两部分加和构成：固定效用 V_{nj} 能够被一定的可观测要素 x_{nj} 所解释，而随机部分 ε_{nj} 代表了未被观测的效用及误差的影响。如果选择者的策略是总是选择效用最高的备选项，即满足 $U_{ni}>U_{nj}$，$\forall\ j\neq i$，则选择概率 P_{ni} 可通过式（6-1）计算：

$$P_{ni}=P(V_{ni}+\varepsilon_{ni}>V_{nj}+\varepsilon_{nj},\forall j\neq i)=P(\varepsilon_{nj}-\varepsilon_{ni}<V_{ni}-V_{nj},\forall j\neq i) \tag{6-1}$$

由于 ε 是随机的，根据概率论原理，P_{ni} 可进一步表示为如下积分形式：

$$P_{ni}=\int I(\varepsilon_{nj}-\varepsilon_{ni}<V_{ni}-V_{nj},\forall j\neq i)f(\varepsilon_n)d\varepsilon_n \tag{6-2}$$

式中，I 为一个二分指示函数，当其括号内的项为真时取 1，否则取 0。由此，模型建立了效用与选择概率的关系。在大多数模型设定中，可见效用 V_{nj} 被表述为解释要素 x_{nj} 的线性组合形式，即 $V_{nj}=\beta x_{nj}$。其中，β 为表示各要素边际效用的列向量。根据已观测到的 x_{nj} 和选择结果，可以利用最大似然法（maximum likelihood estimation）得到 β 的估计值、标准误差和显著性水平。

6.2.2　应用价值

由于选择问题的普遍性，离散选择模型的应用领域可谓无所不包，相对而言市场与交通可能是最主要的两个方面。市场研究中经典的效用理论和联合分析（conjoint analysis）方法与离散选择模型有直接渊源，其研究主题亦与本模型高度契合，即通过分析消费者对不同商品、服务的选择偏好，测度、检验、预测市场需求（Berry，1994；Zwerina，1997；Chintagunta and Nair，2011）。在交通领域，传统集计研究范式受到极大冲击，代表性的“交通生成—交通分布—方式划分—交通分配”需求预测四阶段法在离散选择模型的框架下被视为个体的一系列选择，即选择是否出行、选择目的地、选择交通方式、选择路径（Ben-Akiva and Lerman，1985；McFadden and Train，2000），除机动交通外，模型还广泛应用于静态交通（Axhausen and Polak，1991；Lambe，1996）、行人交通（Antonini and Bierlaire，2006；Bierlaire and Robin，2009）等方向。此外，地理、环境、社会、空间、经济、医学、教育、心理等领域的应用研究亦较多见。

从应用方向和成果产出上，可将离散选择模型的主要价值概括为三个方面。

首先是揭示行为规律，这几乎是所有研究都要关注的问题。通过对 β 估计值的符号、大小、显著性的分析，可以判断哪些要素真正影响了行为，其方向和重要程度如何。对于不同类型的人群，还可以比较群组间的差异。需要指出的是，β 的估计结果反映

的是解释要素 x_{nj} 与可见效用 V_{nj} 之间的关系，一方面由于效用本身是潜在的，这种关系还不够明确，另一方面不同模型间由于理论设定不同，系数一般不具有可比性。对此，许多研究进一步建立了 x_{nj} 与各备选项选择概率 P_{nj} 之间的直接联系，通过边际效用（partial effects）或弹性（elasticity）体现出来①。与 β 相比，这些指标的解释方式并无变化，但更加直观和可比。

其次是估计支付意愿（willingness to pay，WTP），一般通过计算其他要素与价格的系数之比得到该要素的货币化价值，该方法也可推广到两个非价格要素上。值得注意的是，有一类研究通过直接向受访者抛出价格、进而征询其是否接受的方式，估计个体对物品、设施、政策或行动计划的支付意愿，这种被称为意愿价值评估（contingent valuation method，CVM）的方法广泛应用于对无法市场化的资源、环境、历史文化等的评价中，应用案例可见于 Breffle 等（1998）对未开发用地、Treiman 和 Gartner（2006）对社区森林、Báez-Montenegro 等（2012）对文化遗址价值的研究。

最后是展开模拟分析。通过计算边际效应或弹性即可实现最简单的模拟，从中可以看到各备选项选择概率的变动情况及相应的替代模式。更深入的模拟一般以“what-if”的方式考察诸如要素改变、政策施行、备选项增减等造成的前后差异，或是对方案、情景的效果进行前瞻，如 van Campen 和 Woittiez（2003）模拟了人群结构变化和新医疗政策导致的医疗产品需求结构的变动；Yang 和 Sung（2010）模拟了高铁进入后对原有交通方式选择的影响；Müller 和 Hasse（2013）模拟了某家具公司两种不同的连锁店布局方案分别的市场份额。以上模拟都是在集合层面上进行的，相比之下，个体层面的模拟更加复杂。有的研究基于个体的最大可能选择，如 Zhou 和 Kockelman（2006）对各地块用地功能变更的推演模拟；更多研究借助蒙特卡洛方法进行随机抽样，如 Borgers 和 Timmermans（2005）以及 Borgers 等（2006）分别在宏观、微观尺度下对行人在商业空间中连续空间选择行为进行模拟。

6.2.3 基础模型形式：多项 Logit 模型

根据各备选项的随机效用分布设定的不同，离散选择模型表现为不同的具体形式，其中若设定其服从独立且相同的极值分布，即得到多项 Logit 模型（multinomial logit

① 边际效用是指解释要素每增加一个单位，选择概率增加的绝对量；弹性是指解释要素每增加百分之一，选择概率增加的百分比相对量。

model，MNL）[①]。对于进入模型的解释要素，一般分为两种类型：一种是反映备选项品质的属性要素（attributes），其只在备选项之间变动；另一种是反映选择者社会、经济等特点的个体特征要素（individual characteristics），其只在不同选择者之间变化，而在备选项间保持不变。选择模型的关键不是效用本身，而是效用的差异，在模型估计中，由于属性要素已经在备选项之间形成差异，故一般只需要一个系数[②]；而个体特征要素由于在备选项之间无差异，因此需要为几乎每个备选项（只有一个因被设为比较基准而除外）设定一个特定系数以制造差异，这种设定方式被称为备选项特定常数项（alternative specific constant，ASC），它表示了在不考虑各属性要素的情况下，某一类选择者对各个备选项的平均偏好（通过与基准备选项比较体现）。一些研究和软件中把 MNL 模型限定为只能包括个体特征要素，与之相对的，把处理备选项属性要素的模型称为条件 Logit 模型（conditional logit model，CL）[③]，但根据 Greene（2012）的建议，二者的区别在实际建模中是没有意义的，因此在本章中统称为 MNL 模型。该模型中，选择者 n 选择备选项 i 的概率如式（6-3），可以看到，P_{ni} 的形式非常简单。

$$P_{ni}=\frac{\mathrm{e}^{V_{ni}}}{\sum_j \mathrm{e}^{V_{nj}}}=\frac{\mathrm{e}^{\beta x_{ni}}}{\sum_j \mathrm{e}^{\beta x_{nj}}} \tag{6-3}$$

MNL 模型是整个离散选择模型体系的基础，也是实际中最常用的形式，这一方面是由于其技术门槛低、易于实现，另一方面也归功于其简洁性及由此带来的稳健、通用性，表现为样本要求低（Ye and Lord，2014）、技术成熟、出错率少等。MNL 模型本身存在一定的固有理论缺陷，其根源在于对随机项独立同分布的设定过于严格而在实际中易于被违背。对此，Hensher 等（2005）指出了两条道路，其一是如 6.3 节所呈现的诸多替代模型一样，放松上述假设以使模型架构更为精细化，但同时无一例外地以牺牲简洁性为代价；其二是仍保持 MNL 的模型形式，但是通过发现更多的相关要素、合理设置要素水平、纳入个体社会经济特征、采用更科学的函数形式等手段，尽量增加可见效用的信息丰富度，避免其流失到随机项中导致出现或加剧相关问题。第二条道路一直是

① 虽然一些文献中根据备选项的个数是否大于 2 区别了二项选择和多项选择，但本章认为两者的原理基本相同，并没有本质区别，因此一般不把二项选择作为一种特殊情况对待，如这里的 MNL 模型即包括了所谓的二项 Logit 模型（binary logit model）。

② 模型中同样也可以为不同备选项的同一个属性设定不同的系数，但这种情况相对较少。

③ 例如，Stata 中的针对这种狭义的 MNL 模型需使用 mlogit 命令，而针对条件 Logit 模型需使用 clogit 命令，如要同时包括两类要素，则模型被称为带 ASC 项的条件 Logit 模型，需使用 asclogit 命令。

值得鼓励的，因为在这一过程中的新发现即使在更复杂的模型中往往同样有效而不会损失，因此根据他们的建议，研究者一般应该将所有建模时间的 50%以上用于 MNL 模型框架下的探索性研究。由此可见，MNL 模型较为简单，但其基础地位在任何情况下都举足轻重，应当引起研究者的高度重视。

6.3 离散选择模型的精细化发展

6.3.1 嵌套 Logit 模型

6.3.1.1 模型的提出与理论架构

MNL 模型的主要问题之一是因随机项独立假设而被绑定的所谓“无关选项独立”（independence from irrelevant alternatives，IIA）的特性，表现为两个备选项的选择概率之比保持恒定，与其他备选项无关，如式（6-4）。这一特性实际反映了 MNL 模型对备选项之间可能存在的相关性的否定，并导致任一备选项与其他所有备选项之间具有无差别的相互替代性。然而在现实中，人们一般认为越相似的备选项之间替代性越高，反之亦然。因此，在相关性显著存在时，IIA 特性明显与现实不符，会产生诸如“红蓝巴士问题”①这样明显不合理的替代模式。此时，MNL 模型的适用性大大降低，需要更复杂的模型形式，嵌套 Logit 模型即是其中的典型。

$$\frac{P_{ni}}{P_{nj}}=\frac{\mathrm{e}^{V_{ni}}\Big/\sum_{k}\mathrm{e}^{V_{nk}}}{\mathrm{e}^{V_{nj}}\Big/\sum_{k}\mathrm{e}^{V_{nk}}}=\mathrm{e}^{V_{ni}-V_{nj}} \tag{6-4}$$

嵌套 Logit 模型的核心是一个自定义的两层或多层树形结构，该结构将备选项分成若干个互不重叠的子集，使各层次下子集内的备选项之间相对于子集之外的备选项具有不同程度的内部相关性。以两层嵌套 Logit 为例，来自子集 B_m（m=1，…，M）的备选项 i 被选择主体 n 选中的概率如式（6-5），式中的非相似系数 λ_m（$0<\lambda_m<1$）反映了子

① 该问题的一种表述如下：假定出行者当前的出行方式选择有小汽车与红巴士两种，概率分别为 0.5，则两种方式的选择概率比为 1∶1，当选择集中新加入蓝巴士之后，由于 IIA 特性，这一比例应保持不变，同时，考虑到巴士的颜色不会对出行者的选择造成影响，因此其选择红、蓝巴士的概率比也为 1∶1，则三种出行方式的选择概率相同，均为 1/3；然而从常识推断，蓝巴士的加入应该仅仅影响原先选择红巴士的人，即此时小汽车的选择概率为 0.5，红、蓝巴士各为 0.25，因此，基于 IIA 特性的结果是不合理的。

集 B_m 内部相关性的大小，λ_m 越大，相关性越小。此时对于两个备选项 i、j 而言，如果它们来自同一子集，则由于具有相同的 λ，二者的选择概率之比仍保持式（6-4）所示的 IIA 特性；而如果它们分别来自不同的子集 B_m、B_l，则由于 $\lambda_m \neq \lambda_l$，IIA 特性将不再保持，从而形成如前所述的更加真实的替代模式。式（6-5）的后半部分指出，对 i 的选择概率可以拆分为首先选择子集 B_m 的概率与再进一步从 B_m 中选择 i 的条件概率之积，使嵌套 Logit 模型表面上带有一定分步选择的色彩①。

$$P_{ni} = \frac{\mathrm{e}^{V_{ni}/\lambda_m}\left(\sum_{j\in B_m}\mathrm{e}^{V_{nj}/\lambda_m}\right)^{\lambda_m-1}}{\sum_{l=1}^{M}\left(\sum_{j\in B_l}\mathrm{e}^{V_{nj}/\lambda_m}\right)^{\lambda_l}} = P_{nB_m}P_{ni\setminus B_m} \tag{6-5}$$

6.3.1.2　处理相关性与替代模式问题

回顾应用嵌套 Logit 模型的研究，可以明显看到其最主要的出发点即在于希望妥善处置备选项中的相关性。例如，McFadden（1978）开创性地在住宅选择模型中通过设置嵌套结构以允许同一社区内住宅之间的相似性；Ortuzar（1983）在交通方式选择的研究中按个体交通与公共交通划分子集，并通过与 MNL 模型的对比体现了嵌套 Logit 在拟合优度和预测可靠性上的优势；Hunt 和 Teply（1993）在分析停车场选择行为时，考虑到路内、路外两种停车方式的区分，将备选停车场归入不同子集；Lo 等（2004）建构了一个复杂的 3 层嵌套 Logit 模型用以分析出行者的换乘路径决策，按照“换乘交通方式—换乘点—换乘路径”的层次结构反映底层备选路径不同程度的相关性；类似地，Dubin（2007）也通过一个“属于厂商品牌还是自有品牌—产品类型—产品规格”的 3 层嵌套结构建立产品选择模型，其目的是得到较 MNL 更准确的厂商品牌意愿价值评估；Suárez 等（2004）在对购物中心选择的研究中，认为消费者首先选择的是具有“锚固作用”的大型超市，然后再在拥有特定超市的购物中心中做出选择，这样的设定使得实体层面处于上层的购物中心和处于下层的超市在模型树形结构中发生了层次颠倒，其一方面体现了嵌套 Logit 模型的灵活性，另一方面也反映了树形结构设定对于先验理论假设

① 但事实上，嵌套 Logit 模型使用的数据仍然是最底层备选项的一次性选择结果，这种分步特征更多来自于理论设定。另外在模型估计上，分步估计（sequential estimation）的效率也低于同时估计（simultaneous estimation）（Train，2008）。

的依赖以及相应需要承担的假设是否合理的风险。对此，Hensher（1999）提出了一种用以寻找最优树形结构的方法；Rasciute 和 Pentecost（2010）在分析外国资本对中东欧 13 个国家的投资选择时，尝试用嵌套 Logit 模型捕捉国家之间的相关性，并应用了上述方法以辅助树形结构的确定，结果表明，该方法导出的两子集结构对数据的拟合优度明显优于基于历史、地理、文化、语言等直觉性判断下生成的多子集结构，进一步分析发现，这种简洁而又"精确"的结构恰好抓住了 13 个国家在更为切题的经济发展上的本质差异。

值得注意的是，有一种形式固定的嵌套 Logit 模型对树形结构的理论假设要求很低，同时又有十分广泛的应用：当在一系列常规备选项中加入了诸如"以上都不选"的特殊选项（no-choice alternative）时，考虑到它与常规选项之间的显著差异，这一选项常被单独设为一个子集，与包括其他所有选项在内的另一子集构成了一对多的两层两子集结构。例如：Montgomery（2002）在分析学校选择行为时，把具体的学校备选项与"不入学"分别归入两个子集；Danaher 和 Dagger（2012）在预测电视节目收视率时，把具体的频道备选项与"不看电视"分别归入两个子集；Schmidheiny 和 Brülhart（2011）在分析商业区位选择时，把各个区位备选项与"不进入"分别归入两个子集。理论层面上，这种设定的必要性由 Haaijer 等（2001）通过比较 MNL 模型与嵌套 Logit 模型在处理"都不选"问题上的表现较早地表达出来；Goos 等（2010）进一步发展了这一观点，提出了特别针对带"都不选"备选项的嵌套 Logit 模型的选择实验设计方法，并指出如果常规备选项子集非相似系数 λ 的估计结果越小（即相关性越高），则如此设定越有必要。此外，这种设定的一个特别意义在于：由于其暗示了"内部选择"和"内外之间选择"这两个问题被同时考虑，在分析常规备选项之间的替代弹性以及总体"市场占有率"时，嵌套 Logit 模型代表了处在两个极端之间的更加灵活、实际的模式——一个极端是由忽略"都不选"的 MNL 模型所代表的此消彼长、完全竞争的模式，另一个极端则是由泊松模型所代表的自升自降、互不竞争的单纯正和模式（Schmidheiny et al.，2011）。

6.3.1.3 处理数据合并问题

嵌套 Logit 模型的另一重要应用价值是数据融合（data enrichment），即对非同源数据的联合估计。当数据来源唯一时，MNL 模型假定各备选项的随机效用服从方差相同的极值分布；然而当有多个数据源时，一般认为它们之间方差水平是必然不同的，从而导致各自不同的“尺度系数（scale parameter）”[①]，与 MNL 模型“同分布”的前提假设相违背。对此，嵌套 Logit 模型可以通过设置不同的子集，使每个子集内保持相同尺度的同时，允许子集间尺度不同，其原理类似于设定同一数据集下的备选项之间相对于不同数据集具有一定的内部相关性[②]。最为典型的非同源数据是从实际选择中观察到的 RP 数据以及通过虚拟选择实验获得的 SP 数据，由于选择环境的明显差异，显然不能预设这两种数据源具有相同的尺度。因此，嵌套 Logit 模型大量应用于 RP 与 SP 数据的融合上。Hensher 和 Bradley（1993）较早提出被称为人造树形结构（artificial tree structure）的 RP/SP 数据融合方法，对每个 RP 数据选项各自形成一个子集，而将所有 SP 数据选项集合于一个子集之中；Louviere 等（2000）提出了一个等价但更为直观的两层两子集树形结构，每个子集分别包括全部 RP 与 SP 数据选项；Hensher 等（2005）则补充了另一种将公共备选项置于上层，再在下层细分 RP、SP 数据选项的方法。在应用层面，最常见的无疑是处理两个数据集的“RP+SP 数据”融合模式（如 Espino et al.，2007），而其他模式也是同理可行的，只需对树形结构做相应扩展即可，如 Ortuzar 和 Simonetti（2008）增加了一组先前收集的 SP 数据，形成“RP+SP1+SP2 数据”的模式，Adamowicz 等（1997）收集了两组 RP 数据，进而尝试了“RP1+RP2 数据”“SP+RP1+RP2 数据”等多种模式。

6.3.1.4　一般化形式：GEV 模型体系

最后应该指出，嵌套 Logit 模型相对于 MNL 模型只是部分放开了对备选项相关性的限制，这一限制的完全放开将产生一般极值（generalized extreme value，GEV）模型。因此，嵌套 Logit 模型实际上是 GEV 模型的一个特例，较之更具一般性和灵活性的模型还包括交叉嵌套 Logit（cross-nested logit，CNL）模型、成对组合 Logit（paired combinatorial logit，PCL）模型、广义嵌套 Logit（generalized nested logit，GNL）模型等，其中以 CNL 模型的应用最为广泛。CNL 模型允许子集之间存在重叠，即一个备选项可以从属于多个子集，因为它可能在不同的维度下与不同子集的备选项具有相关性。例如，Papola（2004）在研究路径选择行为时依照公共路段划分子集，使得路径 I 可以与路径 J 因共享前半程路段 ij 而从属于子集 B_{ij}，同时又与路径 K 因共享后半程路段 ik 而从属于子集 B_{ik}；Hess

① 该系数通过对整体效用尺度的放缩实现随机效用的标准化，其大小与随机效用的标准差成反比。

② 这是因为嵌套 Logit 模型的各个子集可以具有不同的非相似系数λ，而尺度系数正是λ的倒数（Louviere et al.，2001）。

和 Rose（2009）在研究低碳环境下的购车选择时，认为备选车辆按车型与燃料类型的相关性均可建立独立的树形结构，而将两个维度相结合即形成了交叉嵌套结构；类似地，Drabas 和 Wu（2013）在研究航线选择时，设定备选项在票价与飞行时间两方面的相关性。除 CNL 模型之外，PCL 模型将任意两个备选项成对组成一个子集（Koppelman and Wen，2000），GNL 模型则设定每个备选项与每个子集都通过一个非负的分配系数建立不同程度的从属关系（Wen and Koppelman，2001），这些模型都给了研究者更大的自由，但由于理论相对复杂，实际应用还较为有限。

6.3.2 混合 Logit 模型

6.3.2.1 模型的提出与理论架构

MNL 模型的另一主要问题是忽略了个体异质性带来的随机偏好差异①，认为所有人的偏好系数是相同的，或者更准确地说，只能估计总体平均偏好。然而在实际中，由于选择者先天的异质性，随机偏好差异是必然存在的，并在许多情况下影响重大。混合 Logit（mixed logit，MXL）模型是一种典型的针对这一不足而提出的改进模型，它允许部分或全部解释变量的系数是随机的，与 MNL 中的恒定系数相区别，在这一语境下又被称为随机系数 Logit（random parameter logit，RPL）模型。系数的随机特征通过特定的随机分布来反映，相当于在 Logit 的一般形式中“混入”随机分布，“混合 Logit”的命名也由此而来。设模型中随机系数 β 的分布密度函数为 $f(\beta/\theta)$，其中 θ 为分布参数（均值、标准差等），则混合 Logit 模型的选择概率如下所示：

$$P_{ni} = \int \frac{e^{V_{ni}(\beta, X_{ni})}}{\sum_k e^{V_{nk}(\beta, X_{nk})}} f(\beta/\theta) d\beta \tag{6-6}$$

由于式（6-6）一般不具备封闭形式，因此对混合 Logit 模型的估计通常采用模拟最大似然法。估计结果除了包括与 MNL 模型相对应的 β 的均值外，还包括反映离散趋势的分布参数，如标准差等。模型常用的分布包括正态分布、对数正态分布、均匀分布、三角分布等，不同的分布设定对模型的影响以及各分布的适用性和问题可以参见 Train

① 这里所指的随机偏好差异强调与系统性偏好差异的区别。后者是指可以通过个体属性（如性别、年龄、收入等）或其他可观测变量做确定性解释的偏好差异，而前者更强调这种差异是由无处不在的随机性造成的，对于每一个特定的个体，不可能获得其确定性的偏好参数。MNL 模型可以通过引入个体属性变量来处理系统性偏好差异，但无法处理随机偏好差异。

（2008）、Ghosh 等（2013）的研究。

混合 Logit 模型的功能十分全面，除了解决随机偏好问题外，还可以妥善处置各种复杂的相关性，其中就包括了前述嵌套 Logit 模型所针对的备选项相关和衍生的多源数据合并问题。注意到如果将混合 Logit 模型中所有的随机要素整合在一起，那么不同备选项的随机误差之间显然是允许相关的，因为“新误差”不仅包含了原先彼此独立的“原始误差”，还包括了作为共享信息的个体随机偏好。换而言之，新误差被分解成了两个部分，其中更为关键的一部分是出于一定的理论考虑而人为设定进去的，在这一语境下，混合 Logit 模型又被称为误差成分（error components model，ECM）模型，强调的重点是由于特定的误差设定而引入的相关性。与嵌套 Logit 模型相比，混合 Logit 模型中的相关性虽然没有树形结构那么直观，但却灵活得多。事实上，Brownstone 和 Train（1998）证明了前者在一定程度上只是后者的特例[①]，McFadden 和 Train（2000）进一步指出混合 Logit 模型可以模拟出一切基于效用最大化假设的离散选择模型所代表的选择模式。

混合 Logit 模型建构的关键在于随机系数的设定。实际中，一般只将部分解释要素的系数设为随机，选择的依据或出于理论考虑，或依据统计指标的提示通过反复比较获得确定。对于随机偏好问题，需要预先考虑哪些要素的偏好可能存在显著差异，从而针对性设置；对于已经预设了特定结构的相关性问题，通常的做法是对一组相关备选项设置虚拟变量，并令其系数服从均值为 0 的随机分布，从而形成一个误差成分进入模型；而对于许多无需指派特定结构的相关性问题，重点不在于随机系数本身的解释，因此任何使模型取得最佳拟合优度的设置均可接受。

6.3.2.2　处理随机偏好问题

目前混合 Logit 模型的应用研究已相当丰富，其最主要的出发点是对随机偏好差异的考虑。例如，Hess 和 Polak（2005）在研究机场选择行为时，通过混合 Logit 模型发现人们在对时间的敏感性上存在显著差异；Lijesen（2006）将模型应用于意愿价值评估，获得了差异化的对机场航班频次的价值判断；研究人员在研究患者对治疗对策的选择时发现随机偏好差异十分关键，足以影响治疗方案的合理性，研究中根据模型结果计算得到了对某一治疗对策分别持积极和消极态度的人数比例，这是随机偏好后续分析的常用手段；Chalak 和 Abiad（2012）在研究食品安全对消费者购物选择的影响时，发现人们

---

① 混合 Logit 模型的误差设定方法如下：为每一个子集设置一个哑变量，并将其系数设为随机，当备选项属于某个子集时，对应的哑变量取值为 1，否则为 0。这样的设置所隐含的相关性即等价于嵌套 Logit 模型。

对安全认证具有总体正向但个体间差异显著的支付意愿，并建议从心理学角度探讨这种随机差异的深层根源；Lindberg 和 Veisten（2012）在对旅游设施选择偏好的研究中，运用混合 Logit 模型比较了偏好的系统差异（当地居民与游客之间）和随机差异，同时特别指出了哪些要素没有显著差异，即系数可以被视作固定，从而尽可能全面地获得偏好规律。

上述研究虽然都实现了系数的随机化估计，但只是通过均值和标准差描述了整体分布情况，对于每个特定的选择者而言，个体偏好系数仍是未知的。事实上，如果与已观察到的选择者的实际选择结果相结合，那么是可以利用这些“后验信息”进一步开展个体级别估计的（Train，2009），这也是混合 Logit 模型的一项独有优势。个体级别的估计并不能得到个体偏好系数的具体取值，其结果仍是一个分布，一般被称作条件分布（conditional distribution），但该分布要比整体分布更窄，意味着个体估计精确度的提升。在应用研究中，基于混合 Logit 模型的个体估计能够提供丰富的信息，如 Greene 等（2005）、Hess（2007）在各自对交通方式选择和航班选择的研究中，均通过这一方法得到了个体层面的时间价值估计，并且一致发现该结果与基于整体分布的估计相比精确性有了很大提升；Campbell 和 Hess（2009）在研究居民的政策选择行为时，从估计的个体系数中找出过大和过小的离群值，进而发现现有的随机偏好差异很大一部分是由少量的“极端偏好个体”造成的；Hess 和 Hensher（2010）为了分析受访者在选择实验中是否忽略了某些要素，利用每个受访者个体系数的估计值和标准差计算变异系数，以推断实际的要素忽略情况。结果表明，推断情况相比于受访者的陈述情况更加真实。此外，为便于技术的推广，Hess（2010）还编写了独立于混合 Logit 模型估计程序之外的个体系数估计程序，填补了大多数建模软件没有该项功能的空白。

6.3.2.3 处理各种相关性问题

另一些混合 Logit 模型应用研究的理论出发点是对相关性的考虑，首先即是备选项的相关性和相应的替代模式问题。例如，Ida 和 Sakahira（2008）在研究消费者对宽带网的选择时，得到了各网络类型之间不同的替代弹性；Jou 等（2011）在研究到达机场交通方式的选择时，发现大运量捷运系统的引入对个体机动交通的替代性明显高于其他公共交通；Behrens 和 Pels（2012）在设定两地间交通方式的选择模型时加入两种误差成分，分别代表了两种不同的相关结构；Hayakawa 和 Tsubota（2014）在研究跨国公司投资的区位选择时，通过与 3 个不同结构的嵌套 Logit 模型相对比，发现混合 Logit 模型可以得到类似的投资地替代模式，而且由于嵌套Logit模型的树形结构合理性难以定论，混合Logit模型的结果应更加精确；Mabit（2014）模拟了税制改革和油价上涨的情景对居民购车选择的影响，由于考虑了相关性，模拟结果更加真实。

除了备选项之间的相关之外，也有研究关注面板数据相关问题，即在重复选择背景下，同一个体多次选择之间的“情景相关”（correlated choice situations）。典型的重复选择情景通常有两种可能，一种是通过多期重复调查获得的RP数据，另一种是几乎所有的SP数据（绝大多数要求被访者完成多次选择），由于SP数据调查的广泛使用，面板数据相关在实际中十分常见。对此，一种简单而常用的处理方式认为同一选择者对任一备选项的偏好不随选择情景的不同而改变，具体实现方式是将每个备选项的ASC项设为随机，通过制造个体偏好差异来引入面板数据的相关性。例如，Sarma和Simpson（2007）对老年人选择养老方式的多年期RP数据的处理，以及Feo等（2011）对货运方式选择的SP数据的处理中，均采用了这种方法。在此基础上，也有学者质疑同一选择者的多期偏好保持不变的假定，试图引入多期之间的个体内部（intra-personal）差异以区分于上述的个体间（inter-personal）差异，具体可见Bhat和Gossen（2004）对游憩活动类型选择的研究、Hess和Rose（2009）对路径选择的研究，以及Hess和Train（2011）基于虚拟数据的实验性研究。这些模型中都是通过增加与选择情景有关的误差成分以设置更为复杂的相关性结构，在令模型更加精细化的同时，大大增加了建模与估计的难度。

此外，混合Logit模型还可以估计随机系数内在相关性（inter-coefficient correlation），即回答如下问题：当影响选择的某些要素权重较高（或较低）时，另一些要素的权重是否同时较高（或较低）。这一问题在MNL模型中是没有意义的，因为每个权重系数都只有唯一的估计值，彼此不可能建立相关关系。而在混合Logit模型中，随机系数在不同个体之间是各异的，由此可以通过两种途径解决这一问题。一是对于多个随机系数，采用定义其协方差结构的方式使它们服从特定的联合分布（而不是分别定义其各自独立的单变量分布），模型可以直接估计出随机系数之间的相关系数。利用这种方法，Revelt和Train（1998）在研究消费者对电器能效的选择中发现了一系列相关性特征，如重视“节省使用成本”的消费者更倾向于不重视“购买折扣”等。另一途径则更为“直白”，通过前述的个体级别估计获得每个选择者的系数，得到多组数据后即可直接计算相关系数。利用这种方法，Hess（2007）在研究航班选择时发现几乎所有的随机系数之间均具有显著的相关性，典型如时间系数与价格系数之间呈现负相关，通过这种方式揭示“人们对时间越看重，对价格就越不看重”的直觉特征，显然比计算唯一或有限几个时间价值更具普遍性。

最后在数据合并问题上，混合Logit模型作为比嵌套Logit模型更具一般性的形式，自然拥有更强大的处理能力，是RP/SP数据联合估计的另一主流方法。通过一定的随机系数设置，不同数源的尺度问题可以直接得到控制，具体应用可见Brownstone等(2000)、Bhat和Castelar（2002)、Börjesson（2008）等的研究。Hensher等（2008）进一步通过与嵌套Logit模型相对比，论证了混合Logit模型在应用于RP/SP数据合并上的优势，它不仅能更灵活地定义备选项之间由于数据源分异以及本身特质带来的种种相关性，同时还能有效解决前述的SP数据中不可避免的重复选择相关问题，因此显著降低了模型估计的偏误，是更受推荐的方法。

6.3.2.4 衍生形式：潜在类别模型

除了以上典型形式外，还有一种名为潜在类别模型（latent class model，LCM）的离散选择模型形式可以近似列入混合Logit模型范畴。该模型同样针对随机偏好差异问题而提出，超越了MNL模型中系数在总体内保持不变的局限，但也没有假设其服从某个连续分布，而是采用离散分布的形式，认为总体中存在有限个不同特征的类别，每个类别适用一套独立的系数，偏好差异通过类别间系数的不同而体现。这一思路带有一定的通过样本细分（sample segmentation）进行分人群估计的色彩，但又存在明显不同，关键区别即在于个体与类别之间所属关系的确定机制。事实上，潜在类别模型可以被看作两个MNL模型的结合体（Greene and Hensher，2003)，首先通过“类别模型”(class model）使个体“被选择”进入某个类别，其次通过“选择模型”(choice model）分析类别内个体对备选项的真实选择。由于所属关系是由一个特别的“类别模型”所体现的，建模者不仅在事前不知道个体属于哪个类别，事后也只能估计出其属于每个类别的概率，所谓的“潜在性”即体现于此；相比之下，样本细分中的所属关系是人为指派的，因而是明确的。此外，同样借助这种个体-类别“被选择”机制，潜在类别模型还具有以下独有优势：一是划分类别的个体属性变量——即“类别模型”中的解释变量可以有多个，也可以没有（仅有常数项)；二是可以通过“类别模型”中解释变量的显著性判断该变量是否对类别划分有意义，即可以推断由此划分的类别之间是否存在显著的偏好差异；三是避免了样本细分中分界点的确定较武断的弊端。可见，潜在类别的设定虽然提高了模型的复杂度，但在能力上有很大提升。

在应用研究中，潜在类别模型以其高度的实用性成为分析随机偏好差异的有力工具，尤其在关于市场细分的研究中成为主流方法。例如，Teichert等（2008）探讨了航空公司现有的“商务-经济乘客”划分法，用潜在类别模型得到了一个考虑更多个体社会经济属性和出行行为特征、更准确地体现偏好差异的五类别体系；Wen 和 Lai（2010）论证了与 MNL 模型相比，潜在类别模型由于考虑了类别间差异，因而在产品替代弹性分析和市场模拟预测上要准确得多；Hetrakul 和 Cirillo（2014）通过潜在类别设定获得了旅客对火车票预定时间的差异化偏好机制，进而用于定价和座席分配的优化。作为处理偏好差异的两个主要工具，潜在类别模型与混合 Logit 模型经常被研究者相互比较。例如，Hole（2008）肯定了两种模型可以得到相似的偏好及支付意愿分布；Shen（2009）在对 2 组数据建模时，发现潜在类别模型的拟合性均更好；相对应的，Hetrakul 和 Cirillo（2013）在对 3 组数据建模时，发现潜在类别模型在其中 1 组的拟合性更好，混合 Logit 模型则在另 2 组更好，然而进一步的样本外交叉验证表明，在总体预测能力上，潜在类别模型优于混合 Logit 模型；Hess 和 Train（2011）从理论与实证两方面证明了潜在类别模型由于更好地考虑了个体社会经济属性的影响而相对于混合 Logit 模型更具优势；Varela 等（2014）在肯定了两者分别以自己的方式相似地反映了同一种偏好差异特征的同时，也指出由于其研究数据中的偏好差异过大，很难用一种现成的连续分布进行描述，因此潜在类别模型所捕捉到的信息更加丰富。由此可见，潜在类别模型具有相当强大的分析能力，在应用研究中应当得到进一步重视。

6.3.3 多项 Probit 模型

当设定离散选择模型中各备选项的随机效用服从多元正态分布时，即得到了多项 Probit（multinomial probit，MNP）模型。与 MNL 模型相比，这一设定的区别不仅在于分布形式（极值分布与正态分布），更重要的是以“联合分布”取代了“独立同分布”，使 MNP 模型具有很大的自由度。通过对协方差结构的设置，MNP 模型可以建立各种形式的反映研究者理论构想的相关关系，从而产生不受 IIA 特性制约的真实替代模式，同时也能处理随机偏好差异与面板数据等问题（Train，2009）。例如，Yai 等（1997）在研究路径选择时，以两两路径之间公用路段长度所占的比例作为衡量其相关性的特征指标，从而建构了一种类似于交叉树形结构（Papola，2004）的相关模式；Haaijer 等（1998）为处理 SP 数据中的多次选择相关，通过设定随机系数并导出一种特定的协方差结构，经过汽车选择和咖啡机选择两组 SP 数据的检验具有良好的效果。如果没有预设结构，MNP 模型同样会根据数据的实际情况自动匹配相关模式，因此仍能够发挥上述优势。例如，Johansson 等（2006）在研究交通方式选择时，将舒适性、方便性等 5 个难以直接观测的因素以潜变量（latent variable）的形式纳入选择模型，由于潜变量与其他变量之间的误差结构复杂，因此采用 MNP 模型做一般化处理；Jumbe 和 Angelsen（2011）在研究居民对三种薪材来源的选择时，借助一个通用的 MNP 模型发现彼此之间的替代弹性差异很大，以此为基础对相关环境政策的效果进行了探讨。

尽管 MNP 模型具有诸多优势，但必须同时指出这一模型需要承担两个相当大的成本。其一是所谓的识别性（identification）问题，即研究者对相关结构的设定不满足模型本身的标准化要求，导致协方差参数无法被“识别”和估计出来（Train，2009）。例如，Bunch 和 Kitamura（1989）在对 7 篇使用 MNP 模型的文献进行回顾时，发现有接近一半（3 篇）都存在不可识别问题；Dow 和 Endersby（2004）通过对 MNP 与 MNL 模型的对比，认为前者经常具有难以发现的弱识别性，并且可能导致显著性水平被拉低、结果违反直觉等弊端。其二是在模型估计的运算量上，一旦备选项个数 $J>2$，MNP 模型的选择概率将不再具有封闭形式，必须通过模拟方法完成估计，模拟数据的维度为 $J-1$，这意味着随着备选项个数的增加，模拟的工作量将迅速膨胀，因此 MNP 模型一般只适用于备选项较少的选择问题。虽然研究者在不断尝试新的估计方法，如 GHK 模拟法（Bolduc，1999）、遗传算法（Liu and Mahmassani，2000）、贝叶斯估计法（McCulloch et al.，2000）等，但就目前而言，它们都难以达到简单、通用、易于操作的要求，仍然是制约 MNP 模型推广的主要障碍。

6.4　其他重要的研究关注点

以上回顾总结了离散选择模型的经典形式，除此之外，近年来的研究还聚焦于其他一些值得重视的议题，包括但不局限于以下几个方面。

6.4.1　多种模型形式的结合

6.3 节讨论了几种经典模型的适用性，其关注点主要是相关结构和随机偏好差异。根本上说，这两个问题是可以相互转化的，正如混合 Logit 模型在两方面同样适用一样，嵌套 Logit 模型虽然一般用于备选项间的相关性处置，但 Bestard（2014）论证了这种相关性同样可以做为随机偏好差异的根源，由此可见所谓的适用性只是相对概念。然而从实际操作的角度，也应承认模型由于设定和估计方法的不同而客观存在的差异，如混合

Logit 模型虽然可以在理论上得到与嵌套 Logit 模型等价的相关结构，但不够直观，同时由于前者的估计必须通过模拟方式，在不同的样本量、模拟抽样、估计软件下会有不同程度的精度下降（Chang and Lusk，2011）；混合 Logit 模型与潜在类别模型虽然都以处理随机偏好见长，但二者并不等价，且在模型形式上具有互补性。

基于这些考虑，一些研究试图将不同模型形式结合起来，各取所长，发挥联合优势。例如，Teye 等（2014）在研究收费路径选择时，建立了一个混合嵌套 Logit 模型以更方便地同时设置选项间相关性和随机偏好差异；Wen 等（2012）在研究交通方式选择中出于同样的考虑，将树形结构与分人群估计相结合，建立了一个潜在类别嵌套 Logit 模型（latent class nested logit model）；Green 和 Hensher（2013）为更好地描述随机偏好差异的多维特征，将潜在类别模型中每一类原先的固定系数设为随机，从而建立了一个潜在类别混合 Logit 模型（latent class mixed logit model），发现该模型较混合 Logit 模型以及固定系数的潜在类别模型更出色。类似的研究还包括混合 Logit 模型中多种分布形式的结合（Train，2008）、混合多项 Probit 模型（Bhat and Sidharthan，2011）等。

6.4.2　不同类型的选择数据

6.4.2.1　RP 数据与 SP 数据

许多研究关注于 RP 数据与 SP 数据这两种不同数据类型对离散选择模型的影响。一个共识性观点是两种数据各具优缺点：RP 数据的优点集中体现在真实性上；而 SP 数据的优点包括允许实际中不存在的选择场景、保证备选项间具有足够的差异、可通过实验设计避免要素间的相关性、能够剥离要素效用与备选项本身的标签效用、省时省力等（Louviere et al.，2000）。由于这些优良品质，SP 数据方法的应用非常广泛。然而，一些研究也指出单独使用 SP 数据的风险，如 Börjesson（2008）通过与 RP 数据的对比，认为 SP 数据缺少长期的行为适应性和各种潜在约束，具有更多的偶然性和短视性，容易导致结果的极端化，由此得出 SP 数据方法可能不那么值得信任的结论；Hensher 和 Li（2010）对 52 篇交通方式选择文献中的 245 个模型结果进行了比较，发现由单一 SP 数据得到的价格弹性明显偏高，是 RP 数据或 RP/SP 混合数据结果的 3 倍。为了更好地发挥两种数据各自的优势，一般建议采用 RP/SP 数据联合估计方法，6.3 节已总结了嵌套 Logit 模型和混合 Logit 模型两种途径，其主要目的均是处置两种数据源在尺度上的差异。除此之外，如要将 SP 数据用于市场预测，还需要对其 ASC 项进行标定，具体方法可见于 Cherchi 和 Ortúzar（2006）以及 Hensher 和 Li（2010）的研究。

此外，由于 SP 数据是通过虚拟选择实验获得的，因此需要一定的实验设计方法。传统的正交设计法（orthogonal design）在减少选择情景的同时保证了要素间的独立性，因而广受欢迎；然而，这一方法得到的选择情景可能仍然太多，一些情景提供的信息量很少，影响了统计效率，同时该方法未考虑与后续选择模型的结合，因此灵活性与针对性不足。近年来，一些高效设计（efficient design）方法迅速发展，其核心思想可以理解为由选择情景推算模型系数这一常规估计过程的逆过程，即由模型系数反推选择情景。具体而言，首先预设一个选择模型及其系数分布，然后检验所提出的实验设计方案是否能够使该模型的估计结果具有尽可能高的信度，即尽可能小的标准误。由于后续分析模型被前置了，该方法因此可以针对研究者希望采用的具体模型形式生成对应的最佳方案，既有研究已经可以支持 MNL 模型（Carlsson and Martinsson，2013）、嵌套 Logit 模型（Bliemer et al.，2009）、混合 Logit 模型（Bliemer and Rose，2010）的高效实验设计。

6.4.2.2 定序、排序、多选数据

除了常见的无序单选数据之外，还有一些其他类型数据也可用于离散选择模型，如定序（ordered）、排序（ranked）、多选（multiple choices）数据。

定序数据是指从多个具有次序关系的备选项中选出一个，典型如满意度评价、等级划分、有限频数、连续变量重分类等。面向定序数据已经形成一系列相对独立的模型，主要为定序 Logit 模型（ordered logit model）和定序 Probit 模型（ordere probit model），两者的区别在于随机项的分布设定；更复杂的推广还包括考虑随机系数的混合定序模型（mixed ordered model）和考虑多次定序选择之间关系的多变量定序模型（multivariate ordered model）等。定序模型理论的主要特点是对于 J 个备选项只设置一个效用（而非 J 个），通过 J–1 个阈值点划分成 J 个水平区间，分别与各备选项对应。这种设定自然回避了备选项相关问题，使模型估计较为方便，因此得以广泛应用。例如，Li 等（2012）用定序 Probit 模型研究了骑行者对骑行环境的评价；Eluru 等（2013）用混合定序 Probit 模型研究了驾驶员对 9 种车速的选择；Ferdous 等（2010）用多变量定序 Probit 模型研究了居民对 30 种游憩活动模式的频率选择的关系。

排序与多选数据均是对无次序关系备选择项的选择，前者要求选择者按自己的偏好高低将备选项完整排序，后者则不限定仅能选择一个备选项。这两种数据的建模思路相似，均是将一次观察结果拆分成多次“伪选择”，以共计 J 个备选项为例：对于排序数

据，首先从全集中选中第一位备选项，然后将其剔除，再从剩余的子集中选中第二位备选项，依次类推，直至选择集中只有两个备选项，由此共拆分成 J–1 次选择；对于多选数据，则以是否被选中的视角依次独立审查每一个备选项，共拆分成 J 次二项选择。展开后的选择情景依然适用于经典的离散选择模型框架，其中面向排序数据的常被称为爆炸 Logit 模型（exploded logit model），以形象表达展开过程；面向多选数据的则常称为多维二项 Logit 模型（multidimensional binary logit model）；此外，上述模型常与混合 Logit 的形式结合，以考虑基于同一个体展开的选择情景间的相关性。在应用研究中，Kumar 和 Kant（2007）基于 MNL 模型研究了居民对多项森林价值的排序偏好；Resano 等（2012）基于混合 Logit 模型研究了消费者对火腿的排序数据；Lee 等（2012）利用多维二项 Logit 模型研究了游客在预设的潜在旅行目的地集合中排除若干个不考虑选项的多选数据。

6.4.3　基于受限理性的选择

前述各种模型均建立在完全理性个体实现效用最大化的假设上，它暗示了个体掌握被纳入模型的所有相关信息，并拥有充分的认知和处理能力以获得最优结果。然而在实际中，这种假设显然是不准确的，因为人们受主客观条件的限制，往往只能有效处理一部分信息，表现为自觉或不自觉地采用各种启发式决策机制（decision heuristics），以牺牲一部分精确性为代价减少问题的复杂度，降低决策成本。例如，个体在面对众多备选项和影响要素时，可能会通过若干要素的取舍点（cut-off）快速排除大量“越界”的选项，尽管其中的一些可能在总体效用上更高。典型的启发式决策机制包括连结式（conjunctive）、非连结式（disjunctive）、字典序（lexicographic）等（Zhu and Timmermans，2010）[①]，它们的共同点是要素之间的非补偿性，即一个要素的效用损失不能被其他要素的效用收益所平衡。显然，非补偿性机制不能保证总体效用最大，以完全理性的视角，其结果只能实现局部最优。这种不违反理性原则，但又考虑到实际客观制约的行为准则设定被称为受限理性（bounded rationality）。

已经有越来越多的研究关注基于受限理性的离散选择问题。例如，Swait（2001）首

① 连结式原则是指选择者为每一个要素均设置了最低标准，只有当一个备选项的所有要素都超过了相应标准时才会被选中；非连结式原则是指选择者为每一个要素均设置了最低可接受标准，只要备选项有任一要素超过了相应标准即会被选中；字典序原则是指选择者对各个要素的重要性进行排序，然后按顺序依次选择在更重要的要素上占优的选项，如果一个选项在最重要的要素上占优，即使其在第二位及以后的任何要素上表现较差，也不影响其被选中。

次将取舍点的概念以越界惩罚的形式纳入模型，在对消费者租车选择的研究中，发现一些要素的惩罚变量十分显著，且权重甚至远大于对应要素本身，从而揭示了这种选择策略的客观存在及重要意义；Marcucci 和 Gatta（2011）用类似的方法研究了旅客的机场选择行为，进一步证实了将取舍点纳入的必要性；Gilbride 和 Allenby（2004）在研究消费者对相机的偏好时，把选择过程分解为两个阶段，第一阶段运用连结式、非连结式等原则筛选出进一步考虑的备选项，第二阶段再从中做出选择，结果表明，高达 92%的选择者至少对一个要素进行了筛选；Campbell 等（2006）在分析居民对景观改善措施的意愿价值评估时，以字典序原则对混合 Logit 模型进行修正，结果表明该原则在许多选择者中都得到体现，且由于价格成本是最常被忽视的要素，基于补偿性机制的支付意愿存在严重偏误。以上研究都需要在调查中获得关于选择策略的信息，如选择者自述的取舍点位置以及某些要素是否被忽略等，而 Zhu 和 Timmermans（2010）的研究则因为无需额外信息而更具一般性，该研究综合考虑了要素阈值、认知成本、风险态度等问题，建立了一个将各种典型的非补偿性策略统一起来的受限理性选择模型框架，在应用于常规选择数据时可以自动估计出阈值大小、要素被考虑的次序等与决策过程相关的信息。

6.4.4 选择的时空背景

6.4.4.1 时间背景的处理

与一般的计量模型类似，离散选择模型同样存在复杂的时空背景问题。在面版数据研究中考虑时间背景的模型常被称为动态选择模型（dynamic chocie model），6.3.2.3 节和 6.3.3 节已述混合 Logit 模型和 MNP 模型在解决误差自相关问题的应用，除此之外，至少还有两种典型的处理方式，分述如下。

第一种是滞后因变量的运用。一些研究参照时间序列分析方法，将上一期或多期的选择结果作为本期解释变量纳入模型，以显性地表述所谓“状态相关”（state dependence）的影响，其研究重点在于追踪并解释同一类行为随时间变化的规律。例如，Smith（2005）在用混合 Logit 模型研究渔民 10 年间的捕渔地选择时，将过去所有的选择结果全部纳入，结果表明自变量的瞬时变化具有不同的近期和远期效应，且多期间自相关性越高，差别越显著；Dargay 和 Hanly（2007）在对居民小汽车保有水平和交通模式选择进行跟踪研究时，发现将滞后因变量分别纳入定序 Logit 和二项 Logit 模型均取具良好的解释力；Chatterjee（2011）建立了动态定序 Logit 模型以研究 4 个时间段内公共汽车的使用频率，经检验发现滞后一期因变量高度显著，由此预测的动态选择模式与未考虑滞后因变量相比更接近于实际观测结果；Grigolon 等（2014）建立了动态混合 Logit 模型以研究 7 年间人们对不同长度假期的选择，通过将同年、去年、两年前的选择结果纳入模型，发现与中短假期相比，长假的选择更容易受前期选择结果的影响。

第二种是期望贴现效用（expected discounted utility）的运用。如果说前类研究主要关注过去，则此类研究更多着眼于未来，它试图反映个体在进行选择决策时，会考虑到当前结果将影响未来备选项的可用性以及效用大小，因此以更长远的眼光选择能使总体期望贴现效用最大化的选项。这一效用由不同时期的效用加权求和构成，权重体现了各期的贴现率以及效用持续的时间跨度的影响，同时，为了表示对未来的不确定性，模型中常常加入一些特殊的误差分布。应用研究方面，Attanasio 等（2012）在研究儿童上学的选择中，除纳入上学、工作两个选项的当前效用外，还考虑了上学投资对未来工作的预期回报及其不确定性；McKee（2006）用类似方法研究了中老年人的退休选择决策，其中考虑了基于未来收入、开支、健康状况等因素的期望效用的影响；Todd 和 Wolpin（2010）将此类方法统称为动态规划离散选择模型（discrete choice dynamic programming model，DCDP），并总结了其在教育、经济、移民等政策评价中的应用；Lapparent 和 Cernicchiaro（2012）在研究居民是否保有车辆的选择时，发现其重要决策因素之一是对未来车辆使用的累计预期以及由此折算的当前需求，并指出将未来考虑纳入模型对理解决策过程具有重要意义。

6.4.4.2　空间背景的处理

对于空间背景的考虑可主要归结为三个方面。首先是空间作为备选项的相关性，多见于选址研究，即考虑多个可能的选址点由于空间邻近关系而天然相关。根据 6.3 节对模型适用性的总结，此类问题完全可以用经典的模型形式解决，如 Bhat 和 Guo（2004）提出了一个特殊的 GEV 模型，为任何一对存在邻接关系的空间备选项建立一个子集，由此得到了与空间分布模式相匹配的备选项相关结构。其次是空间作为虚拟选择主体的自相关性，即认为一个空间的选择行为不仅取决于该空间内部的解释要素，还受到相邻空间选择结果或（及）其对应要素的影响，即需要考虑空间滞后变量的作用。此类研究实质上是将离散选择模型与常规的空间自相关性模型相结合。例如，Lesage（2000）在犯罪空间研究中将二项 Probit 模型与空间自回归等模型相结合，发现高犯罪率出现与否的概率具有显著的空间正相关性；Wang 等（2012）在追踪研究用地性质的变化时，将空间与时间自相关同时纳入 MNP 模型，结果表明空间维度的自相关性更强，尤其是居住用地表现出了强烈的群聚趋势。最后是模型系数的空间异质性，即认为不同空间的系数应呈现有规律的渐变，越邻近的空间其系数应越接近，反之亦然。此类研究实质是将离散选择模型与常规的地理加权回归模型相结合，如 Paez（2006）在研究车站周边 324 个地块的用地是否更新时，估计了可达性和可用地比例的系数在空间内连续变化的情况，并以系数等值线的形式表现出来。

6.5 总　　结

本章依照离散选择模型的发展脉络简要回顾了各主要模型的理论架构和应用价值。最为基础的 MNL 模型具有易于实现、简洁、稳定等优势，至今仍被广泛采用，即使对于更复杂的模型，也应特别强调预先在 MNL 模型框架下不断优化可见效用设定的意义。针对 MNL 模型的理论缺陷，一些替代的精细化模型正在发挥越来越大的作用，它们有各自相对的适用范围：嵌套 Logit 模型最宜于直观地处理备选项间的相关性、合理纳入“都不选”备选项、支持 RP/SP 等非同源数据的合并，更具一般性的 GEV 模型体系可以设定更灵活的相关结构；混合 Logit 模型最宜于处理随机偏好差异问题，同时也可通过误差结构设置考虑各种相关问题，包括备选项相关、面板数据相关、随机系数相关、数据合并等，其衍生的潜在类别模型同样以处理随机偏好差异见长；MNP 模型异常灵活，可以处理上述所有问题，但识别性问题和高计算量对其限制较大。以上梳理覆盖了绝大部分的主流模型，旨在提高国内离散选择模型研究的理论水平，为研究者在面对特定问题时选用最合理的模型形式提供参考。

此外，本章节还重点总结了 4 个依托经典模型的研究关注点。其中，多种模型形式的结合可以整合各模型的优势，更全面地分析问题；在数据方面，RP 与 SP 数据各具特点，一些新的 SP 数据实验设计方法可以提高效率，并更好地与具体的选择模型结合，特殊类型的定序、排序、多选数据也有相应的模型方法；基于受限理性的选择模型考虑了多种启发式选择机制，更加符合客观实际；当选择具有时空背景时，可以通过滞后因变量、期望效用的纳入处理时间效应，通过考虑空间相关性、异质性处理空间效应。限于篇幅，上述总结无法面面俱到，但也在很大程度上代表了国外理论长期关注的热点以及近期主要动向，希望能为尚在起步阶段的国内离散选择模型研究带来更宽广的视野。

参考文献

关宏志. 2004. 非集计模型——交通行为分析的工具. 北京: 人民交通出版社.

聂冲, 贾生华. 2005. 离散选择模型的基本原理及其发展演进评介. 数量经济技术经济研究, (11): 151-159.

Adamowicz W, Swait J, Boxall P, et al. 1997. Perceptions versus objective measures of environmental quality in combined revealed and stated preference models of environmental valuation. Journal of Environmental Economics and Management, 32(1): 65-84.

Antonini G, Bierlaire M, Weber M. 2006. Discrete choice models of pedestrian walking behavior. Transportation Research Part B: Methodological, 40(8): 667-687.

Attanasio O P, Meghir C, Santiago A. 2012. Education choices in Mexico: using a structural model and a randomized experiment to evaluate Progresa. The Review of Economic Studies, 79(1): 37-66.

Axhausen K W, Polak J W. 1991. Choice of parking: stated preference approach. Transportation, 18(1): 59-81.

Báez-Montenegro A, Bedate A M, Herrero L C, et al. 2012. Inhabitants' willingness to pay for cultural heritage: A case study in Valdivia, Chile, using contingent valuation. Journal of Applied Economics, 15(2): 235-258.

Behrens C, Pels E. 2012. Intermodal competition in the London-Paris passenger market: high-speed rail and air transport. Journal of Urban Economics, 71(3): 278-288.

Ben-Akiva M E, Lerman S R. 1985. Discrete choice analysis: theory and application to travel demand. Cambridge: MIT Press.

Berry S T. 1994. Estimating discrete-choice models of product differentiation. The RAND Journal of Economics, 242-262.

Bestard A B. 2014. Substitution patterns across alternatives as a source of preference heterogeneity in recreation demand models. Journal of Environmental Management, 144: 212-217.

Bhat C R, Castelar S. 2002. A unified mixed logit framework for modeling revealed and stated preferences: formulation and application to congestion pricing analysis in the San Francisco Bay area. Transportation Research Part B: Methodological, 36(7): 593-616.

Bhat C R, Gossen R. 2004. A mixed multinomial logit model analysis of weekend recreational episode type choice. Transportation Research Part B: Methodological, 38(9): 767-787.

Bhat C R, Guo J. 2004. A mixed spatially correlated logit model: formulation and application to residential choice modeling. Transportation Research Part B: Methodological, 38(2): 147-168.

Bhat C R, Sidharthan R. 2011. A simulation evaluation of the maximum approximate composite marginal likelihood (MACML) estimator for mixed multinomial probit models. Transportation Research Part B: Methodological, 45(7): 940-953.

Bierlaire M, Robin T. 2009. Pedestrians Choices Pedestrian Behavior. Bradfond: Emerald Group Publising Limited.

Bliemer M C J, Rose J M, Hensher D A. 2009. Efficient stated choice experiments for estimating nested logit models. Transportation Research Part B: Methodological, 43(1): 19-35.

Bliemer M C J, Rose J M. 2010. Construction of experimental designs for mixed logit models allowing for correlation across choice observations. Transportation Research Part B: Methodological, 44(6): 720-734.

Bolduc D. 1999. A practical technique to estimate multinomial probit models in transportation. Transportation Research Part B: Methodological, 33(1): 63-79.

Borgers A W J, Smeets I M E, Kemperman A, et al. 2006. Simulation of micro pedestrian behaviour in shopping streets//van Leeuwen JPH, Timmermans J P. Progress in Design & Decision Support Systems. Heeze, The Netherlands, 101-116.

Borgers A, Timmermans H J P. 2005. Modelling pedestrian behaviour in downtown shopping areas. Proceedings of CUPUM conference London CD-ROM paper, 83.

Börjesson M. 2008. Joint RP–SP data in a mixed logit analysis of trip timing decisions. Transportation Research Part E: Logistics and Transportation Review, 44(6): 1025-1038.

Breffle W S, Morey E R, Lodder T S. 1998. Using contingent valuation to estimate a neighbourhood's willingness to pay to preserve undeveloped urban land. Urban Studies, 35(4): 715-727.

Brownstone D, Bunch D S, Train K. 2000. Joint mixed logit models of stated and revealed preferences for alternative-fuel vehicles. Transportation Research Part B: Methodological, 34(5): 315-338.

Brownstone D, Train K. 1998. Forecasting new product penetration with flexible substitution patterns. Journal of econometrics, 89(1): 109-129.

Bunch D S, Kitamura R. 1989. Multinomial probit model estimation revisited: Testing of new algorithms and evaluation of alternative model specifications for trinomial models of household car ownership. Mathematical Models, 4.

Campbell D, Hess S. 2009. Outlying sensitivities in discrete choice data: Causes, consequences and remedies

European Transport Conference.

Campbell D, Hutchinson W G, Scarpa R. 2006. Lexicographic preferences for rural environmental landscape improvements: Implications on individual-specific willingness to pay estimation. RERC Working Paper.

Carlsson F, Martinsson P. 2013. Design techniques for stated preference methods in health economics. Health Economics, 12(4): 281-294.

Chalak A, Abiad M. 2012. How effective is information provision in shaping food safety related purchasing decisions? Evidence from a choice experiment in Lebanon. Food Quality and Preference, 26(1): 81-92.

Chang J B, Lusk J L. 2011. Mixed logit models: accuracy and software choice. Journal of Applied Econometrics, 26(1): 167-172.

Chatterjee K. 2011. Modelling the dynamics of bus use in a changing travel environment using panel data. Transportation, 38(3): 487-509.

Cherchi E, Ortúzar J D. 2006. On fitting mode specific constants in the presence of new options in RP/SP models. Transportation Research Part A: Policy and Practice, 40(1): 1-18.

Chintagunta P K, Nair H S. 2011. Structural workshop paper-discrete-choice models of consumer demand in marketing. Marketing Science, 30(6): 977-996.

Danaher P, Dagger T. 2012. Using a nested logit model to forecast television ratings. International Journal of Forecasting, 28(3): 607-622.

Dargay J, Hanly M. 2007. Volatility of car ownership, commuting mode and time in the UK. Transportation Research Part A: Policy and Practice, 41(10): 934-948.

Dow J K, Endersby J W. 2004. Multinomial probit and multinomial logit: A comparison of choice models for voting research. Electoral Studies, 23(1): 107-122.

Drabas T, Wu C L. 2013. Modelling air carrier choices with a segment specific cross nested logit model. Journal of Air Transport Management, 32: 8-16.

Dubin J A. 2007. Valuing intangible assets with a nested logit market share model. Journal of Econometrics, 139(2): 285-302.

Eluru N, Chakour V, Chamberlain M, et al. 2013. Modeling vehicle operating speed on urban roads in Montreal: A panel mixed ordered probit fractional split model. Accident Analysis & Prevention, 59: 125-134.

Espino R, de Dios Ortúzar J, Román C. 2007. Understanding suburban travel demand: Flexible modelling with revealed and stated choice data. Transportation Research Part A: Policy and Practice, 41(10):

899-912.

Feo M, Espino R, García L. 2011. An stated preference analysis of Spanish freight forwarders modal choice on the south-west Europe Motorway of the Sea. Transport Policy, 18(1): 60-67.

Ferdous N, Eluru N, Bhat C R, et al. 2010. A multivariate ordered-response model system for adults' weekday activity episode generation by activity purpose and social context. Transportation Research Part B: Methodological, 44(8): 922-943.

Ghosh S, Maitra B, Das S S. 2013. Effect of distributional assumption of random parameters of mixed logit model on willingness-to-pay values. Procedia-Social and Behavioral Sciences, 104: 601-610.

Gilbride T J, Allenby G M. 2004. A choice model with conjunctive, disjunctive, and compensatory screening rules. Marketing Science, 23(3): 391-406.

Goos P, Vermeulen B, Vandebroek M. 2010. D-optimal conjoint choice designs with no-choice options for a nested logit model. Journal of Statistical Planning and Inference, 140(4): 851-861.

Greene W H, Hensher D A, Rose J M. 2005. Using classical simulation-based estimators to estimate individual WTP values. Applications of Simulation Methods in Environmental and Resource Economics. Springer Netherlands, 17-33.

Greene W H, Hensher D A. 2003. A latent class model for discrete choice analysis: Contrasts with mixed logit. Transportation Research Part B: Methodological, 37(8): 681-698.

Greene W H, Hensher D A. 2013. Revealing additional dimensions of preference heterogeneity in a latent class mixed multinomial logit model. Applied Economics, 45(14): 1897-1902.

Greene W H. 2012. NLOGIT Version 5 Reference Guide. Plainview: Econometric Software, Inc.

Grigolon A B, Borgers A W J, Kemperman A D A M, et al. 2014.Vacation length choice: A dynamic mixed multinomial logit model. Tourism Management, 41: 158-167.

Haaijer R, Kamakura W, Wedel M. 2001. The "no-choice" alternative in conjoint choice experiments. International Journal of Market Research, 43(1): 93-106.

Haaijer R, Wedel M, Vriens M, et al. 1998. Utility covariances and context effects in conjoint MNP models. Marketing Science, 17(3): 236-252.

Hayakawa K, Tsubota K. 2014. Location choice in low- income countries: evidence from Japanese investments in East Asia. Journal of Asian Economics, 33: 30-43.

Hensher D A, Bradley M. 1993. Using stated response choice data to enrich revealed preference discrete choice models. Marketing Letters, 4(2): 139-151.

Hensher D A, Li Z. 2010. Accounting for differences in modelled estimates of RP, SP and RP/SP direct petrol price elasticities for car mode choice: A warning. Transport Policy, 17: 191-195.

Hensher D A, Rose J M, Greene W H. 2005. Applied Choice Analysis: a Primer. Cambridge: Cambridge University Press.

Hensher D A, Rose J M, Greene W H. 2008. Combining RP and SP data: Biases in using the nested logit 'trick'–contrasts with flexible mixed logit incorporating panel and scale effects. Journal of Transport Geography, 16(2): 126-133.

Hensher D A. 1999. HEV choice models as a search engine for the specification of nested logit tree structures. Marketing Letters, 10(4): 333-343.

Hess S, Ben-Akiva M, Gopinath D, et al. 2011. Advantages of latent class over continuous mixture of logit models. unpublished: http://www.stephanehess.me. uk/papers/Hess_Ben-Akiva_Gopinath_Walker_May_2011. pdf [2012-08-01].

Hess S, Fowler M, Adler T, et al. 2009. A joint model for vehicle type and fuel type: Evidence from a cross-nested logit study. Proceedings of the European Transport Conference. Leeuwenhorst, NL. 5-7.

Hess S, Hensher D A. 2010. Using conditioning on observed choices to retrieve individual-specific attribute processing strategies. Transportation Research Part B: Methodological, 44(6): 781-790.

Hess S, Polak J W. 2005. Mixed logit modelling of airport choice in multi-airport regions. Journal of Air Transport Management, 11(2): 59-68.

Hess S, Rose J M. 2009. Allowing for intra-respondent variations in coefficients estimated on repeated choice data. Transportation Research Part B: Methodological, 43(6): 708-719.

Hess S, Train K E. 2011. Recovery of inter-and intra-personal heterogeneity using mixed logit models. Transportation Research Part B: Methodological, 45(7): 973-990.

Hess S. 2007. Posterior analysis of random taste coefficients in air travel behaviour modelling. Journal of Air Transport Management, 13(4): 203-212.

Hess S. 2010. Conditional parameter estimates from Mixed Logit models: distributional assumptions and a free software tool. Journal of Choice Modelling, 3(2): 134-152.

Hetrakul P, Cirillo C. 2013. Accommodating taste heterogeneity in railway passenger choice models based on internet booking data. Journal of Choice Modelling, 6: 1-16.

Hetrakul P, Cirillo C. 2014. A latent class choice based model system for railway optimal pricing and seat allocation. Transportation Research Part E: Logistics and Transportation Review, 61: 68-83.

Hole A R. 2008. Modelling heterogeneity in patients' preferences for the attributes of a general practitioner appointment. Journal of Health Economics, 27(4): 1078-1094.

Hunt J D, Teply S. 1993. A nested logit model of parking location choice. Transportation Research Part B: Methodological, 27(4): 253-265.

Ida T, Sakahira K. 2008. Broadband migration and lock-in effects: Mixed logit model analysis of Japan's high-speed Internet access services. Telecommunications Policy, 32(9): 615-625.

Johansson M V, Heldt T, Johansson P. 2006. The effects of attitudes and personality traits on mode choice. Transportation Research Part A: Policy and Practice, 40(6): 507-525.

Jou R C, Hensher D A, Hsu T L. 2011. Airport ground access mode choice behavior after the introduction of a new mode: A case study of Taoyuan International Airport in Taiwan. Transportation Research Part E: Logistics and Transportation Review, 47(3): 371-381.

Jumbe C B L, Angelsen A. 2011. Modeling choice of fuelwood source among rural households in Malawi: a multinomial probit analysis. Energy Economics, 33(5): 732-738.

Koppelman F S, Wen C H. 2000. The paired combinatorial logit model: properties, estimation and application. Transportation Research Part B: Methodological, 34(2): 75-89.

Kumar S, Kant S. 2007. Exploded logit modeling of stakeholders' preferences for multiple forest values. Forest Policy and Economics, 9(5): 516-526.

Lambe T A. 1996. Driver choice of parking in the city. Socio-Economic Planning Sciences, 30(3): 207-219.

Lapparent M, Cernicchiaro G. 2012. How long to own and how much to use a car? A dynamic discrete choice model to explain holding duration and driven mileage. Economic Modelling, 29(5): 1737-1744.

Lee M, Khelifa A, Garrow L A, et al. 2012. An analysis of destination choice for opaque airline products using multidimensional binary logit models. Transportation Research Part A: Policy and Practice, 46(10): 1641-1653.

LeSage J P. 2000. Bayesian estimation of limited dependent variable spatial autoregressive models. Geographical Analysis, 32(1): 19-35.

Li Z, Wang W, Liu P, et al. 2012. Physical environments influencing bicyclists' perception of comfort on separated and on-street bicycle facilities. Transportation Research Part D: Transport and Environment, 17(3): 256-261.

Lijesen M G. 2006. A mixed logit based valuation of frequency in civil aviation from SP- data. Transportation Research Part E: Logistics and Transportation Review, 42(2): 82-94.

Lindberg K, Veisten K. 2012. Local and non-local preferences for nature tourism facility development. Tourism Management Perspectives, 4: 215-222.

Liu Y H, Mahmassani H S. 2000. Global maximum likelihood estimation procedure for multinomial probit (MNP) model parameters. Transportation Research Part B: Methodological, 34(5): 419-449.

Lo H K, Yip C W, Wan Q K. 2004. Modeling competitive multi-modal transit services: a nested logit approach. Transportation Research Part C: Emerging Technologies, 12(3): 251-272.

Louviere J J, Hensher D A, Swait J D. 2000. Stated choice methods: analysis and applications. Cambridge, UK: Cambridge University Press.

Mabit S L. 2014. Vehicle type choice under the influence of a tax reform and rising fuel prices. Transportation Research Part A: Policy and Practice, 64: 32-42.

Marcucci E, Gatta V. 2011. Regional airport choice: Consumer behaviour and policy implications. Journal of Transport Geography, 19(1): 70-84.

McCulloch R E, Polson N G, Rossi P E. 2000. A Bayesian analysis of the multinomial probit model with fully identified parameters. Journal of Econometrics, 99(1): 173-193.

McFadden D, Train K. 2000. Mixed MNL models for discrete response. Journal of applied Econometrics, 15(5): 447-470.

McFadden D. 1978. Modelling the choice of residential location. Institute of Transportation Studies, University of California.

McFadden D. 2000. Disaggregate behavioral travel demand's RUM side. Travel Behaviour Research, 17-63.

McKee D. 2006. A dynamic model of retirement in Indonesia. California Center for Population Research.

Montgomery M. 2002. A nested logit model of the choice of a graduate business school. Economics of Education Review, 21(5): 471-480.

Müller S, Haase K. 2014. Customer segmentation in retail facility location planning. Business research. Accepted for publication.

Ortúzar J D, Simonetti C. 2008. Modelling the demand for medium distance air travel with the mixed data estimation method. Journal of Air Transport Management, 14(6): 297-303.

Ortuzar J. 1983. Nested logit models for mixed-mode travel in urban corridors. Transportation Research Part A: General, 17(4): 283-299.

Paez A. 2006. Exploring contextual variations in land use and transport analysis using a probit model with geographical weights. Journal of Transport Geography, 14(3): 167-176.

Papola A. 2004. Some developments on the cross-nested logit model. Transportation Research Part B: Methodological, 38(9): 833-851.

Rasciute S, Pentecost E J. 2010. A Nested logit approach to modelling the location of foreign direct investment in the Central and Eastern European Countries. Economic modelling, 27(1): 32-39.

Resano H, Sanjuán A I, Albisu L M. 2012. Consumers' response to the EU Quality policy allowing for heterogeneous preferences. Food Policy, 37(4): 355-365.

Revelt D, Train K. 1998. Mixed logit with repeated choices: households' choices of appliance efficiency level. Review of Economics and Statistics, 80(4): 647-657.

Sarma S, Simpson W. 2007. A panel multinomial logit analysis of elderly living arrangements: Evidence from aging in Manitoba longitudinal data, Canada. Social Science & Medicine, 65(12): 2539-2552.

Schmidheiny K, Brülhart M. 2011. On the equivalence of location choice models: Conditional logit, nested logit and Poisson. Journal of Urban Economics, 69(2): 214-222.

Shen J. 2009. Latent class model or mixed logit model? A comparison by transport mode choice data. Applied Economics, 41(22): 2915-2924.

Smith M D. 2005. State dependence and heterogeneity in fishing location choice. Journal of Environmental Economics and Management, 50(2): 319-340.

Suárez A, Rodríguez del Bosque I, Rodríguez-Poo J M, et al. 2004. Accounting for heterogeneity in shopping centre choice models. Journal of Retailing and Consumer Services, 11(2): 119-129.

Swait J. 2001. A non-compensatory choice model incorporating attribute cutoffs. Transportation Research Part B: Methodological, 35(10): 903-928.

Teichert T, Shehu E, von Wartburg I. 2008. Customer segmentation revisited: The case of the airline industry. Transportation Research Part A: Policy and Practice, 42(1): 227-242.

Teye C, Davidson P, Culley R. 2014. Simultaneously Accounting for Inter-alternative Correlation and Taste Heterogeneity among Long Distance Travelers Using Mixed Nested Logit (MXNL) Model so as to Improve Toll Road Traffic and Revenue Forecast. Transportation Research Procedia, 1(1): 24-35.

Todd P E, Wolpin K I. 2010. Structural estimation and policy evaluation in developing countries. Annual Review of Resource Economics, 2(1): 21-50.

Train K E. 2008. EM algorithms for nonparametric estimation of mixing distributions. Journal of Choice Modelling, 1(1): 40-69.

Train K E. 2009. Discrete Choice Methods with Simulation. Cambridge: Cambridge University Press.

Treiman T, Gartner J. 2006. Are residents willing to pay for their community forests? Results of a contingent valuation survey in Missouri, USA. Urban Studies, 43(9): 1537-1547.

van Campen C, Woittiez I B. 2003. Client demands and the allocation of home care in the Netherlands. A multinomial logit model of client types, care needs and referrals. Health Policy, 64(2): 229-241.

Varela E, Jacobsen J B, Soliño M. 2014. Understanding the heterogeneity of social preferences for fire prevention management. Ecological Economics, 106: 91-104.

Wang X K, Kockelman K M, Lemp J D. 2012. The dynamic spatial multinomial probit model: analysis of land use change using parcel- level data. Journal of Transport Geography, 24: 77-88.

Wen C H, Koppelman F S. 2001. The generalized nested logit model. Transportation Research Part B: Methodological, 35(7): 627-641.

Wen C H, Lai S C. 2010. Latent class models of international air carrier choice. Transportation Research Part E: Logistics and Transportation Review, 46(2): 211-221.

Wen C H, Wang W C, Fu C. 2012. Latent class nested logit model for analyzing high-speed rail access mode choice. Transportation Research Part E: Logistics and Transportation Review, 48(2): 545-554.

Yai T, Iwakura S, Morichi S. 1997. Multinomial probit with structured covariance for route choice behavior. Transportation Research Part B: Methodological, 31(3): 195-207.

Yang C W, Sung Y C. 2010. Constructing a mixed-logit model with market positioning to analyze the effects of new mode introduction. Journal of Transport Geography, 18(1): 175-182.

Ye F, Lord D. 2014. Comparing three commonly used crash severity models on sample size requirements: multinomial logit, ordered probit and mixed logit models. Analytic methods in accident research, 1: 72-85.

Zhou B, Kockelman K M. 2008. Neighborhood impacts on land use change: a multinomial logit model of spatial relationships. The Annals of Regional Science, 42(2): 321-340.

Zhu W, Timmermans H. 2010. Bounded Rationality Choice Model incorporating Attribute Threshold, Mental Effort and Risk Attitude: Illustration to Pedestrian Walking Direction Choice Decision in Shopping Streets//Klingsch W W F, Rogsch C, Schadschneider A, et al. Pedestrian and Evacuation Dynamics 2008. Heidelberg: Springer Press.

Zwerina K. 1997. Discrete Choice Experiments in Marketing. Heidelberg: Physica-Verlag Press.

第 7 章

认知地图方法

7.1 概　　要

认知地图（cognitive map）是人们“头脑中的空间环境”，是研究城市空间认知（spatial cognition）最有效的手段之一。认知地图最早由心理学家 Tolman（1948）在其老鼠走迷宫的实验中提出；1960 年，Lynch（1960）的城市意向研究将认知地图引入城市规划研究中；随后，认知地图被广泛地应用于心理学、地理学、城市规划等学科的研究之中，是行为地理学的中心议题之一。

地理学对认知地图的研究更多关注认知地图的空间模式，强调对客观环境的理解、现实行为模式解析、空间分析等领域；研究内容包括着眼于手绘地图的城市意向研究、地名认知/距离认知和城市空间认知、认知地图扭曲、居民属性等方面（王茂军等，2007）。国内认知地图研究起步于 20 世纪 80 年代初，学者们开始对大学校园、城市局部空间与城市整体进行城市意象研究（胡正凡和林玉莲，2012）；目前，国内认知地图研究主要集中在城市意象要素和意象空间分析方面（王茂军等，2009）。

认知地图可辅助规划与空间设计。认知地图可帮助规划师和设计者了解人们对空间的感知、偏好与意向，因此在政策制定和规划中有非常重要的辅助作用。同时，认知地图在满足弱势群体需要的环境设计及犯罪行为研究等方面也得到了应用（雷金纳德·戈列奇和罗伯特·斯廷森，2013）。

在调查方法上，手绘草图是认知地图外部化的重要手段，它要求被调查者在白纸上描画出记忆中研究区域内的空间要素，并经常与语言描述等方法相结合来提取空间认知信息。本节以手绘草图调查为核心内容对认知地图的调查方法及其应用进行介绍。

7.2 概念与特点

7.2.1 相关概念

空间认知是关于空间结构、空间实体和空间相互关系的知识和心理或认知层面的描述，是对空间和思想的内部化反映和重构，认知地图通常被认为是空间认知的一部分（雷金纳德·戈列奇和罗伯特·斯廷森，2013），同时又被作为研究城市空间认知的一个最有效的手段（冯健，2005）。

认知地图的概念发展经历了由静态到动态的过程（蒋志杰等，2009）。最早 Tolman（1948）认为认知地图是某一局部环境的综合表象；20 世纪 70 年代认知心理学从信息加工的角度审视了认知地图的本质，提出认知地图是一个包括获取、存储、内部操作、解码和使用外部环境信息的动态过程（蒋志杰等，2009）。由此可见，认知地图包含动静态与动态 2 种含义：静态的认知地图指空间信息在大脑中的表征结果，是一种抽象的大脑图式；动态的认知地图即认知过程与结果，与空间认知过程一致（陶伟和任建造，2020）。

7.2.2 认知地图的特点

基于已有研究的总结，认知地图的特点归纳为以下 5 点。①类似于地图学地图，有空间定位功能的；②多维的、复杂的：认知地图不仅仅是二维平面草图，既包含具体的信息，如街景、建筑造型等，也包含抽象信息，如环境氛围等；③不完整的、歪曲的：认知地图是经头脑加工过的记忆的产物，信息可能不是完全的，存在简化或变形，与地图学地图存在很大差异；④个性化的：不同社会经济属性个体对同一环境的空间认知有所差异，年龄、性别、收入等都对个体的认知地图形成影响；除此之外，出行方式也对认知地图产生影响；⑤动态的：个体形成的认知地图并非是静态的，而是时刻在变化的，也因此，从某种意义上讲，所有认知地图研究都只是对动态认知地图某一阶段的研究（王茂军等，2007；蒋志杰等，2009；胡正凡和林玉莲，2012）。

7.2.3 认知地图的研究内容

地理学对认知地图的研究主要包括认知地图的意向要素、几何特征及其与地理学地图的关系（认知地图的扭曲等）等方面内容。

（1）认知地图的意向要素。在 Lynch（1960）对波士顿、洛杉矶与泽西市的研究中，城市认知地图由地标、节点、道路、边界和区域 5 个基本要素组成，学者们在此基础上对城市意向进行研究。从已有研究来看，城市意向要素的重要性因城市空间而异，如冯建（2005）对北京城市意向的研究发现地标和道路是北京最重要的意向要素，冯维波和黄光宇（2006）发现重庆主城区重要性排序最高的要素为节点与边界。

（2）认知地图的几何特征。Appleyard（1970）将认知地图的几何形态分为连续型（sequential）和空间型（spatial），其中，连续型包括段、链、支或环和网四种亚型，空间型包括散点、马赛克、连接和格局四种亚型。这种分类方式影响到此后的大量研究，随着研究的推进，有学者提出了认知地图的新类型，如冯建（2005）、张新红等（2010）分别在对北京与兰州的城市意向研究中都发现了“单体型”这一新的认知地图类型。

（3）认知地图的扭曲。认知地图与地图学地图的差异综合反映了居民对城市的认知和城市对居民的影响，学者们通过认知地图的外在化（即将认知地图转化为可观察、可计量、可以同地图学地图比较的形式）、认知地图与地图学地图的叠合分析、扭曲的测度统计等步骤研究认知地图与地理学地图的关系（王茂军等，2007），并从个人社会经济特征、活动与出行特征等方面探讨产生扭曲的背后原因（申思等，2008）。

7.3 调 查 方 法

地理学与城市规划学者们主要基于手绘草图，结合访谈、问卷调查、照片辨认等调查技术提取个体“头脑中的城市”，通过对个人认知地图中要素的统计分析，得到公共认知地图。Lynch（1960）早期采用手绘草图与语言描述的方式研究居民的认知地图；前者即要求被调查者根据记忆画出所在城市的草图，并标注城市中的独特要素；后者即通过访谈或文字描述要求被调查者说明城市的环境特征、独特的要素或体验；基于以上调查可获取被调查者的个人认知地图；通过将这些调查资料进行统计分析，用百分数表示不同要素在个人认知地图的出现率，并结合相应的图例绘制出反映这一统计结果的平面图，便得到可反应人们对同一环境个人认知地图的交集，即公共认知地图（胡正凡和林玉莲，2012）；这是基于认知地图研究城市意向的主要调查与研究方法。

由于手绘草图与语言描述易受绘图及言语表达能力的影响，且过分强调空间的视觉意向，忽略了被调查者在环境中的其他体验与认知，后续研究增加了系统性的问卷调查、图片再认、距离判断等方法（胡正凡和林玉莲，2012）。另外，多维标度法（multidimensional scaling，MDS）是除手绘草图外另一重要的认知地图外部化方法，该方法要求被调查者估计一组地理对象（一般为地标、城市等可以抽象成点状的地物）之间的距离，以估计距离的矩阵作为输入，利用迭代算法还原出这些点对象在二维空间中的布局，这一方法也被广泛应用于空间认知的研究之中（薛露露等，2008）。

手绘草图可以同时获取认知要素、认知距离、认知方向、空间关系等丰富认知信息，虽然存在缺点，但仍是认知地图研究中最主要、应用最为广泛的调查方法。在规划设计研究领域中，手绘草图又主要包括 4 种调查类型，即自由描画法、限定描画法、圈域图示法、空间要素图示法（日本建筑学会，1998；戴菲和章俊华，2009），不同的类型有其优缺点及其适用性，研究者需根据研究目的选取适宜的调查方法（表 7-1）。以下对 4 种手绘草图调查类型进行详细解说。

表 7-1　手绘草图调查类型特点总结

基本方法	提前准备	主要内容	优点	缺点	适用特征
自由描画法	告知被调查者描画的范围，提供实验用纸（一般为白纸）	被调查者在白纸上自由地描画出各自知道的空间要素	将调查者方面对结果的影响降到了最小	很大程度上受制于被调查者的图示表现能力；微观表现不足；非常花费时间和人力；需要较高的读取能力。	了解空间整体结构，如城市空间结构研究
限定描画法	提供标记有调查对象地区内主要空间要素位置与形状的地图	要求被调查者描画出地图上其他空间要素信息	降低分析的难度	对认知的强弱表现不够，丧失了生动性；需要被调查者对调查对象地比较熟悉	把握空间的细部特征
圈域图示法	提供相关比例尺的地图	要求被调查者指示出调查对象地的范围	确保答案作为数据的统一性，减轻回答者的负担，使调查简单易行	仅限于调查比较单纯的特定事物，分析结论比较简单	研究居住社区的范围、城市中心的范围等、设施的服务范围等
空间要素图示法	提供调查对象地区的详细地图	要求被调查者将知道的全部空间要素或规定的空间要素标记出来	能得到严密规定的数据，容易进行定量化分析	不能把握空间整体构成	把握空间的细部特征

资料来源：根据戴菲与章俊华，2009 总结绘制。

7.3.1　自由描画法

自由描画法即在告知被调查者绘图对象与范围的前提下，由调查者自由在白纸上描绘空间要素的图示调查方法，其最著名的应用案例是 Lynch（1960）的城市意象研究。自由描画法最大的优点是给与被调查者较大的自由度，被调查者的空间意识可以直接地、综合地表现出来，但缺点是对被调查者的绘图能力有较高要求，因此一些调查通过提供范例以让被调查者更好地理解调查目的（日本建筑学会，1998；戴菲和章俊华，2009）。该方法常用于了解对空间整体结构的认知，如城市尺度的城市意向研究。

以冯健（2005）对北京城市居民的空间感知与意象空间结构调查为例介绍自由描画法的调查重点。该研究意在研究北京城市居民空间感知的基本类型、构成和发展阶段，并分析北京城市意象的空间结构。调查中，冯健等对北京 10 个区居民进行抽样调查，发放认知地图问卷。问卷要求居民“随意画出自己印象中最熟悉的北京城市空间”，并强调不要参照任何材料，所画范围不限，并要求被调查者在认为必要或重要的地方标明文字；除上述要求之外，不再作任何解释，以避免被调查居民受调查者意志的影响。研究将获取的认知地图划分为序列型、空间型、单体型 3 个大类；通过对认知地图构成要素及地物出现频率的统计，对北京城市意向的空间结构进行了分析。

7.3.2 限定描画法

限定描画法要求被调查者在提供空间要素提示信息的地图上描画出地图上隐去的其他信息。调查中常使用调查地区的边界线、道路及车站等中心设施作为提示空间要素，能降低认知地图绘制难度，弥补自由描画法受制于被调查者绘图能力的缺陷，但这种方法某种程度上是强制性地表现被认知的事物，并且会加强调查者主观诱导效果带来的误差干扰。该调查方法适用于被限定的小尺度范围的空间认知研究，目的是把握空间的细部特征（日本建筑学会，1998；戴菲和章俊华，2009）。

以王茂军等（2009）对首都师范大学和北京林业大学认知地图的调查为例介绍限定描画法的调查要点。该研究意在探讨社区尺度上客观环境对空间认知扭曲的影响。调查首先在在首都师范大学和北京林业大学分别选择 10 个、15 个地点作为考察地点；在问卷设计上，研究在 B5 试验用纸上，以首都师范大学和北京林业大学校区外廓线作为控制线，分别设置提示点作为绘图提示，提示绘图比例、空间距离、方向与拓扑关系；要求被调查者在已有控制线和绘图提示的空白地图上标注其他地点（即考察地点，如校医院、图书馆等）代码，并提供自己在学校中最为重要的通道；研究基于标准方差椭圆方法分析了社区尺度空间扭曲特征。

7.3.3 圈域图示法

圈域图示法意在获取人们对研究对象空间范围的认知信息，要求被调查者在比例尺适宜的地图上勾画出调查对象的空间范围，也可结合语言描述或文字选项的方式要求被调查者选择圈域边界，调查相对简单易行（日本建筑学会，1998；戴菲和章俊华，2009）。圈域图示法虽然多应用于社区范围、城市中心范围等中微观尺度的空间范围认知研究，近年来也有宏观城市群尺度的空间范围认知研究应用了该调查方法（徐鹏飞等，2017；何丹等，2018）。

以徐鹏飞等（2017）对长三角地区空间范围认知地图调查为例介绍圈域图示法的调查过程。该调查意在把握学生对“长三角”这一区域的空间范围认知情况。在问卷设计上，包括地图板块与信息勾选板块两个部分。地图板块提供地图简图，包含行政界线、交通、水系等信息，要求被调查者勾画出长三角空间范围；考虑到存在被调查者认为长三角空间范围大于沪苏浙皖一市三省的情况，另外添加了全国行政区划图，供被调查者勾画。信息勾选板块包括个人信息、对“长三角”概念的熟悉程度、判断“长三角”区域圈域依据。调查对华东师范大学 12 个院系的学生进行抽样调查，通过汇总不同院系对“长三角”空间范围的认知及总体认知情况，总结出华东师范大学学生对长三角区域的空间认知规律。

7.3.4　空间要素图示法

空间要素图示法要求被调查对象在地图上标记空间要素，并在图上表示认知的有无或评价。调查内容更为具体化、微观化，如建筑、道路、树木等空间要素，需要向被调查者提供调查对象的详细地图；要求被调查者标记与评价空间要素时，有自由要素标记与限定要素标记两种形式；空间要素图示法能得到严密规定的数据，比如记忆率、认知度、评价得分等形式数据，具有容易进行定量化分析的优点；但该调查以具体的某一空间为对象，不能把握空间整体构成（日本建筑学会，1998；戴菲和章俊华，2009）。总体上，空间要素图示法适用于微观尺度的空间认知研究，可与自由描绘法等结合；研究者可在把握整体空间认知的情形下，进一步采用空间要素图示法进行空间细部的意识调查。

以蒋志杰等（2011）基于认知地图的小尺度地形认知研究为例介绍空间要素图示法的调查要点。该研究结合被调查者标注的日常活动路线信息与地形认知信息，研究地形认知与校园活动空间的交互关系。针对地形认知的调查，该调查的设计是：被调查者被要求选择自己认知的校园地形整体状况 （选项包括：不清楚、平坦、高低起伏），并在实验用纸上标注校园制高点、最低点与丘陵岗地或写出这些地形特征点的名称，并说明感知高度与感知原因，最后要求被调查者对丘陵岗地进行高度评价（选项包括：非常矮、比较矮、一般、比较高、非常高）；基于以上调查与数据整理，得出大学生对校园地形的认知高程图。

7.4 应用案例①

【摘要】

通过照片辨认和认知地图调查试图对北京城市意象空间进行研究。结果表明：北京市的城市意象空间是天安门广场为中心，以长安街和二环、三环、四环路以及前门大街等道路骨架形成的网格状系统。该网状系统以二环路为界，划分为内、外两个城区。在内城区，在道路框架的基础上，由地标、节点、功能区等要素共同组成城市意象；而在外城区，则只有部分地标要素起主导作用。行政区对于整个市区居民只有模糊的意象。综合起来看，影响北京城市意象空间的主要要素是道路、地标和节点。

1. 数据获取方法

1998 年 11 月至 1999 年 2 月北京市中心地区（四环路以内）的问卷调查与访谈数据，采用照片辨认和认知地图两种调查方法。

（1）照片加地图法

从北京市地图上采用网格法选取 50 个点，在这些点附近拍摄并选择 50 张具有北京市特点的风景及建筑物照片进行小样本调查。小样本的数目为 10 人，均为在北京居住超过 10 年以上的居民，最终选取了 6 人以上能够认出的 29 张照片作为调研使用。

选取的 29 张照片中的景物（场所）按其在城市中的功能可以分为 6 类：① 政治性地标建筑 2 处：天安门、人民英雄纪念碑。② 地标性建筑或节点 9 处：西直门立交桥、阜成门立交桥、建国门立交桥、复兴门立交桥、友谊宾馆、京广大厦、国贸桥、亚运村、玉泉营环岛。③ 商业中心 5 个：新东安市场（王府井）、西单购物中心、城乡贸易中心（公主坟）、红桥市场、天桥商场。④ 古风景建筑 4 个：鼓楼、德胜门、地坛、天坛。⑤ 人口集散地 3 个：北京站（火车站）、北京西站（火车站）、北京南站（火车站）。⑥ 文化娱乐场所 6 个：王府井天主教教堂、国家图书馆、海淀图书城、农业展览馆、国家美术馆、北京动物园。

① 顾朝林，宋国臣. 2001. 北京城市意象空间及构成要素研究. 地理学报，(1)：64-74.

将照片拿给受访者，要求受访者说出照片中景物的名称或景物大体处于北京的什么方位，两个问题答对一个即为回答正确，将认出的照片标识。

（2）认知草图方法

要求受访者勾画北京草图，范围由受访者自己确定，但被告知“尽可能包含北京市市区范围”，而对于北京市区，调查者则不作任何解释。图形不要求精确，但希望尽量详细。

2. 城市意象空间分析

（1）照片辨认及结果分析

调查中共发出 115 份表，回收有效表 108 份，表格部分有效率为 93. 9%。对于各个照片的总体辨认情况如表 7-2 所示。

表 7-2　照片辨认数占受访人数的比率

城市功能分类	地点	认出人数/人	认出比例/%
①政治性地标建筑	天安门	108	100.00
	人民英雄纪念碑	106	98.15
②地标性建筑或节点	西直门立交桥	73	67.59
	友谊宾馆	58	53.70
	亚运村	54	50.00
	京广大厦	53	49.74
	复兴门立交桥	49	45.37
	建国门立交桥	46	42.59
	阜成门立交桥	44	40.74
	玉泉营环岛	34	31.48
	国贸桥	27	25.00
③商业中心	新东安市场（王府井）	65	60.19
	城乡贸易中心（公主坟）	60	55.56
	西单购物中心	48	44.44
	红桥市场	36	33.33
	天桥商场	32	29.63
④古风景建筑	地坛	66	61.11
	德胜门	58	53.70
	鼓楼	55	50.93
	天坛	55	50.93

续表

城市功能分类	地点	认出人数/人	认出比例/%
⑤人口集散地	北京西站（火车站）	89	82.41
	北京站（火车站）	75	69.44
	北京南站（火车站）	60	55.56
⑥文化娱乐场所	北京动物园	65	60.19
	王府井天主教教堂	57	52.78
	国家图书馆	49	45.37
	国家美术馆	48	44.44
	海淀图书城	48	44.44
	农业展览馆	29	26.85

所选照片的认出比例从 25%～100%变化，说明人们对所选的地点都有一定的熟悉程度，但不同地点的认知存在一定差异性：①对 2 处政治性地标建筑，认出比例最高，接近 100%；②人口集散地和古风景建筑的认出比例较高（仅次于政治性建筑）；③认出比例较低的景物集中在东、南部；④商业中心和地标建筑的认出比例受其本身所处地理位置影响较大；⑤功能相同，地理区位条件相似的景物（场所）认出比例有趋同性，如红桥市场和天桥商场，复兴门立交桥和建国门立交桥，德胜门和天坛、鼓楼等。可以看出，建筑物及场所的政治、历史文化内涵及其实用功能以及所处地理位置等都影响着人们对城市意象空间反映。

（2）认知地图结果分析

调查中获得意象草图 91 幅。按照所得图形的涵盖范围大小分为 3 个类型。局限在很小范围的草图（一到两条干道两侧、一个中心地标周围或只有无法具体判定范围的干道）为类型Ⅰ，共有 33 份，占所得草图的 36.3%；以北京市区（或市区大部分）为作图对象的为类型Ⅲ，共 37 份，占调查对象的 40.7%；作图范围介于类型Ⅰ和类型Ⅲ之间的，为类型Ⅱ，共 21 份，占调查对象的 23.0%。由于不同的人在草图绘制中采取不同的表现手法给分析带来一定的难度，为了研究简便起见，本研究以分析类型Ⅱ和类型Ⅲ的草图为主，并将重点放在类型Ⅲ，类型Ⅰ仅作为参考。

从北京市公众的城市意象草图看，总体上处于顺序型意象的第四阶段向空间型意象的第三、第四阶段过渡的阶段，道路仍是影响公众意象的最主要因子，不同类型的地标、节点和街区对意象也有较大影响。按照城市意象的发展过程，这种影响会越来越大。

3. 北京城市意象空间的构成要素分析

通过对辨认照片的结果和对受访者所绘制的认知草图的分析，可以看出影响北京意象空间的因素与林奇的5要素基本吻合，所不同的是各个要素在意象形成中的作用与林奇所研究的3个城市不尽相同。

（1）道路

道路是构成认知草图的重要要素。在顺序型认知图中，道路是框架，甚至有些认知草图只有道路要素。总体而言，北京市道路意象的格局是网格状的，东西向的长安街（建外大街—复外大街）和二环路、三环路、四环路三条环线道路以及前门大街（宣武门西大街—前门东大街）是形成城市意象的主体道路，辅以平安大道等其他道路组成北京城市意象的道路框架。整体而言，北京的道路格局“可意象性”（可识别性）很强，北京网格状的道路意象结构与北京市的实际道路结构也基本一致，存在少量几何变形。

（2）边缘

在北京结构性意象图中，边缘往往是和道路要素结合在一起的。对于行人而言，半封闭的二环路、三环路在某种意义上都是可以穿越的边缘，而对于汽车来说则是主要交通干线。尽管封闭式的昌平高速公路、机场高速公路在城市景观中应该是边缘，但由于两条路都是在三环路以外，所以能够对其产生意象的受访者往往都是曾经使用过该路的人，所以高速公路的边缘作用并不明显。北京北站北行的铁路线偶有涉及，但仅限于五道口、六道口等路口处。而对于河流等其他边缘要素，则在意象图中基本没有出现，主要原因是处于平原地区的北京，地势平坦，河流水量都很小，而且多数河流都有交通线与之平行，道路对河流产生了屏蔽作用，然而，河流的存在对于道路意象结构具有加强的作用。总体看来，在北京城市意象结构图中，边缘的作用很弱；而对于兼具边缘作用的道路，也不是所有受访者都能意识到它的边缘作用。

（3）区域

对于意象结构产生影响的区域要素主要包括行政区、功能区和街区。约20%的意象图部分标示出了东城、西城、宣武、崇文4个城区以及海淀、朝阳、丰台等近郊区的行政区名称。以二环路为界可以看出明显的城市意象强弱的差别，二环以内的内城区是北京的老城区，基本保留了老北京的城市布局格局，尤其很多文物古迹保留了原貌，同时汇集了诸多反映北京新面貌的道路、建筑群等，主题鲜明，“可意象性”强。而二环以外的外城区与内城区的建筑风格浑然不同，影响范围要较内城区小得多，因此很难使人形成较为一致的印象。内城区的内部又以前门大街为界限明显地划分为南、北两个区域。北部集中了天安门、长安街、王府井等政治、商业中心，道路及建筑物风格特色鲜明；而南部则以生活区为主，零星分布着一些为生活区服务的商业区，区域特色不明显。受访者对北部的意象结构标示远远要比对南部的标示翔实、丰富得多，进一步反映出主题鲜明的区域可意象性强的特点。

（4）节点

居民对节点的意象，从认照片和意象结构图上都能部分地反映出来。在认知草图中可以看出两类节点，它们是居民清晰意识到的节点和未被意识到的节点。前者往往用受访者自己定义的符号表示，如圆形、方形等，并标出该地点的名称；而后者则多以道路交叉的形式表现出来。天安门广场是在意象图中出现频率最高的节点，其他如北京站、北京西站等人口集散地的出现频率也较高。有意识的节点只存在于部分意象结构图中，而简单的表现为道路交叉点形式的节点则更为普遍，尤其是交通主干线的交叉点可以被视作许多意象结构图的控制点。

（5）地标

和节点类似，对于地标在意象图形成中的作用也能从认照片和意象结构图两方面部分反映出来。在意象结构图中，地标是除道路外出现频率最高的要素。由于北京市现已建成一个小的地铁运输系统，因此在众多地标中地铁站比较突出。除了地铁、公交站台及其他路标、路牌等有明显指路性的地标外，空间突出和知名度也是地标形成的重要因子，如鼓楼、天坛、地坛牌坊以及曾经作为北京最高建筑的京广大厦等。此外，重要道路交叉口处的高架桥也容易使人产生很深的意象，如西直门立交桥等。

4. 结论

北京市的城市意象空间是以天安门广场为中心，以长安街和二环、三环、四环路及前门大街等道路为骨架形成的网格状系统。该网格以二环路为界，划分为内、外两个城区。在内城区，在道路框架的基础上，地标、节点、功能区共同组成城市意象图的主要要素；在外城区，只有部分地标在城市意象图中起作用。行政区对于整个市区居民的意象比较模糊。总体而言，北京市城市意象主结构明显，内城区次结构清晰，外城区次结构则趋于模糊。道路、地标和节点等是影响北京意象空间的主要要素。有着大量历史、文化传统的古建筑和具有商业功能、集散功能、政治功能等实用性功能的现代建筑形成的节点和地标进一步加深了公众的意象。行政区、功能区等区域要素在公众意象中有所体现，但不太明显。部分道路（特别是环路）有时也起到了边缘要素的功能。

参考文献

戴菲，章俊华. 2009. 规划设计学中的调查方法 5——认知地图法. 中国园林, (3): 98-102.

冯健. 2005. 北京城市居民的空间感知与意象空间结构，地理科学, 25(2): 142-154.

冯维波，黄光宇. 2006. 基于重庆主城区居民感知的城市意象元素分析评价. 地理研究, 25(5): 803-813.

何丹，单冲，张盼盼，等. 2018. 基于大学生认知地图的长江中游城市群空间范围认知. 地理研究, 37(9): 150-163.

胡正凡，林玉莲. 2012. 环境心理学(第 3 版). 北京：中国建筑工业出版社.

蒋志杰，张捷，韩国圣，等. 2009. 旅游者认知地图研究综述. 旅游学刊, 24(1): 77-85.

蒋志杰，张捷，李丽，等. 2011. 小尺度环境地形认知与空间行为的关系分析——以南京大学浦口校区为例. 地理学报, 66(6): 821-830.

雷金纳德・戈列奇，罗伯特・斯廷森. 2013. 空间行为的地理学. 柴彦威等(译). 北京：商务印书馆.

日本建筑学会. 1998. 应用于建筑・城市规划的调查分析方法. 东京：井上书院.

申思，薛露露，刘瑜. 2008. 基于手绘草图的北京居民认知地图变形及因素分析. 地理学报, 63(6): 625-634.

陶伟，任建造. 2020. 国内人文地理学的空间认知研究进展. 华南师范大学学报(自然科学版), 52(5): 1-10.

王茂军，柴彦威，高宜程. 2007. 认知地图空间分析的地理学研究进展. 人文地理, (5): 10-18.

王茂军，张学霞，吴骏毅，等. 2009. 社区尺度认知地图扭曲的空间分析——基于首师大和北林大的个案研究. 人文地理, 24(3): 54-60.

徐鹏飞，王宁忆，唐曦. 2017. 长三角空间范围认知地图调查与分析. 测绘与空间地理信息, 40(8): 32-37.

薛露露，申思，刘瑜，等. 2008. 认知地图两种外部化方法的比较——以北京市为例. 北京大学学报(自然科学版), 44(3): 413-420.

张新红，苏建宁，魏书威. 2010. 兰州城市居民意象空间及其结构研究. 人文地理, 25(2): 54-60.

Appleyard D. 1970. Styles and Methods of Structuring a City. Environment & Behavior, 2(1): 100-117.

Lynch K. 1960. The Image of the City. MA: MIT Press.

Tolman E C. 1948. Cognitive maps in rats and men. Psychological Review, 55(4): 189-208.

第8章

语义差别法

8.1 概　　要

8.1.1 定义

语义差别（semantic differential，SD）法最早是由美国心理学家奥斯古德（C. E. Osgood，1916—1991）于1957年提出的一种心理测定的方法，又称感受记录法，它通过言语尺度进行心理感受的测定，将被调查者的感受构造为定量化的数据。SD法的关键是尽可能多地收集相关的形容词对，尤其是与研究对象相关的形容词对，并按照一定原则进行筛选，构成语义差异量表。标准的语义差异量表包含一系列形容词和它们的反义词，在每一个形容词和反义词之间有 7～11 个区间，我们对观念、事物或人的感觉可以通过我们所选择的两个相反形容词之间的区间反映出来，它要求记下人们对性质完全相反的不同词汇的反应强度。图8-1是语义差别量表的基本形式。SD法通常会与相关性分析（Llinare and Page，2007）、因子分析、聚类分析、回归分析等统计分析方法结合运用，以丰富分析的结论。

8.1.2 特点

SD法的实践最初主要运用于心理学研究上，后来得到迅速普及，被推广到行为科学和社会学领域，常广泛用于文化的、个人及群体间差异的、人们对周围环境或事物的态度和看法的各种比较研究中。在城市空间感知的研究中，也可以发挥相当大的作用。

通常对于城市空间感知的研究以定性描述为主，且缺乏对空间尺度的区分。譬如高里奇（R.G. Golledge）根据点－面理论，提出了新迁入城市的居民怎样对周围环境逐步认识的假说；亚当斯（J.S. Adams）的扇形认知领域；林奇（K. Lynch）的城市意象理论，其通过对波士顿、洛杉矶和泽西市的研究，将居民认知城市的意象要素分为地标、节点、道路、边界和区域；冈本耕平（Okamoto Kohei）的距离认知研究，主要研究空间实际距离与认知距离之间的关系，起点、终点与认知距离之间的关系；克拉克（W.A.V. Clark）的偏好地图等。

研究表明，在不同空间尺度上，人类对于空间有着不同的理解能力和表达方式，所反映出的空间感知结果应当是不同的。Freundschuh 和 Egenhofer（1997）1960～1993 年曾提出 15 种空间模型，并以“空间大小”（size of space）和“空间类型”（kinds of space）为轴，对此 15 种空间模型进行了对比分析。图 8-2 展示了不同的“空间大小”对应着

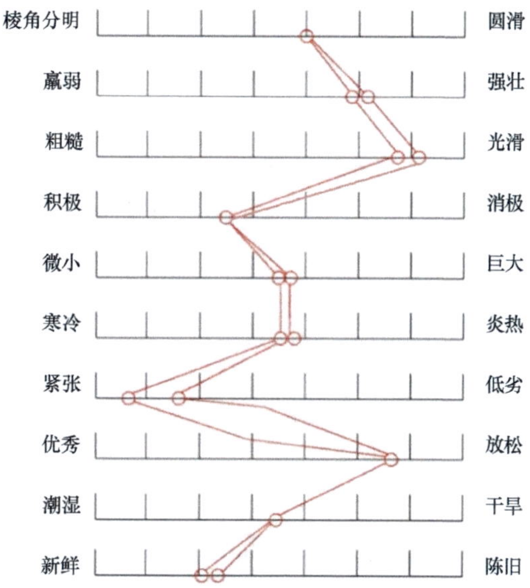

图 8-1　语义差别量表基本形式

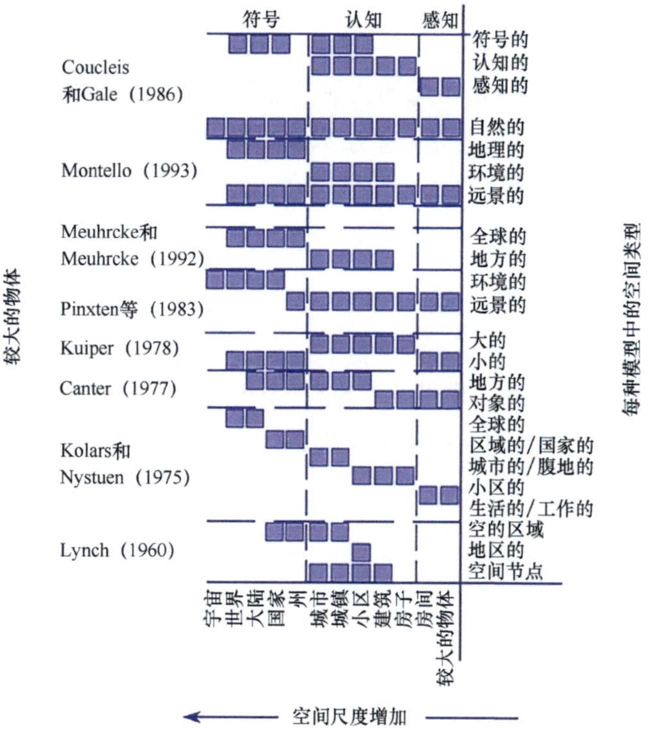

图 8-2　空间模型对比图

改自 Freundschuh 和 Egenhofer，1997

相同或不同的“空间类型”，人们对于“空间大小”及其“空间类型”的对应划分符合人类有关空间认知的一般规律，即不同空间规模对应着不同空间尺度，并具有不同空间认知方式。

SD法能够获得对感知对象的评价，借助客体指标，从而寻找那些心理感知的依据与来源，通过对影响心理的客体指标的改进，达到改善空间品质，改变心理感知的目的。

8.2 理论与实证研究

关于SD法的理论研究，主要集中在研究对象的评判尺度、形容词对的选择以及形容词对的转化等方面。

Heise（1969）回顾了SD方法论的整个领域，记录下大约1000本关于SD技术的书籍和文章。Heise得出以下7点结论：SD评价尺度的假设在某种程度上来说是不准确的，但是却对许多应用而言是适当的；由于社会预期作用或者尺度衡量风格，也许会引发偏差；SD等级中的变更的实质性部分基于个体的差异和反应中的临时变更；在SD尺度上，平均反应的基本维度只有是评估（evaluation），效用（potency）和活动（activity）这三个而无其他；语义空间的大小和特征存在个体差异；尺度概念频繁地交互出现是方法论人为造成的，这是不会发生在适当的设计研究中的；真正尺度概念交互的存在要求将SD法运用于不同的领域，不过这些研究必须谨慎地展开。

Coxhead和Bynner（1981）指出许多SD法应用严重背离了设计该方法的最初目的，以致于给数据分析带来特殊的问题，他们提出了ACOVS模型，用以描述语义差别法的数据结构。

Valois和Godin（1991）运用SD法建立起一组四个形容词对（bipolar adjective），用于对四种与健康相关的行为的检验，继而说明恰当的形容词对对于态度测量的重要性。他们的研究表明既定的形容词对不能用于不同的健康行为研究，而这一点又是与奥斯古德指出的须谨慎选择形容词对的观点不谋而合（Osgood et al.，1957）。Valois和Godin（1991）指出形容词对的选择须基于他们与行为的相关性以及他们对于该行为的语义稳定性，所谓语义稳定性（semantic stability）也就是将不同的理解用于同一个形容词对。

此外， French（1977）对 SD 法做了拓展研究。French 认为情感涵义的度量很容易经由 SD 法完成，但是 SD 法需要用语言来表达完成的本质（verbal nature）使得该方法研究的对象群体受到限制，如没有受过教育的群体、失语病患者和思维紊乱的精神分裂者以及六岁以下的儿童。有鉴于此，他在 Osgood 和 W. H. May 的支持下，于 1977 年提出了 GD 法（graphic differential）——一种用图表来代替形容词对的研究方法，1986 年 French 等又将 SD 法和 GD 法做了联合语义空间上的比较。

在城市空间感知的实证研究中，目前主要有以下六个方面：城市建筑，如庄惟敏（1996）借助 SD 法，提出一种建筑空间环境评价的实态调查方法，使对建筑空间的评价由感性上升到理性并使定量分析成为可能；城市照明，如郝洛西和杨公侠（1998）在购物环境视觉诱目性的主观评价研究中，用一系列语义差别量表对 3 种不同类型的商业空间进行了视觉环境的主观评价；街道广场，如葛剑等将 SD 法与聚类分析法相结合，运用在城市街道声环境研究上；其他主流的实证研究还包括对城市夜景、城市印象、风景园林领域的研究（Ge and Hokao，2005）。此外，SD 法作为一种规划技术方法除了直接运用于城市、建筑、环境等对象实体的研究上，一些学者还将其用来检验其他规划技术方法，如 Lim 等（2006）就将该方法用于检验 VRML 图像在风景评价中的有效性。

8.3　方法解说

详细的 SD 法使用步骤，包括：尽可能地收集相关的形容词对，特别是与研究对象相关的形容词对（一般很快就能找出 30～40 对）；按照给定的尺度进行评价；选择被调查对象及人数；进行评定测试（通常以问卷形式）；对评定结果进行整理分析（章俊华，2004）。

不同的问卷调查对被调查对象的要求不同。除非特殊情况，一般要求调查对象尽可能的全面一些，覆盖的人群类型尽量接近人群的真实组成。SD 法的被调查对象人数，通常在 20～50 人左右。参考社会调查中样本数与误差范围之间的关系，如果条件允许，一般要求尽量选择数量多点。

8.3.1 形容词对选择及数量

形容词对的选择是SD法最基础的环节，也是被调查对象准确判断出对场所的感受的保证。形容词对的数量目前没有明确的规定，一般在20～40对，特别是20～30对出现次数最多。形容词对选择需遵循以下的筛选原则：

1）较难形成完全相反的形容词对；

2）作为中心点两侧不易对称的形容词对；

3）不常使用的形容词对。

8.3.2 评定尺度

评定尺度通常采用尺度量表的形式，一般为7段，即非常多、多、较多、一般、较少、少、非常少。但是也有用5段的，即非常多、较多、一般、较少、非常少。此外，有些比较特殊的研究对象，也有多达11段的实例。考虑到评价尺度的对称性以及后续结果处理的要求，一般都为奇数段。

8.3.3 评定测试

评定测试最佳的方式是被调查对象到对象空间去进行实地体验，以便同时进行评定测试。由于经费、调查对象地的不唯一，一般采用幻灯、录像或照片进行测试。评定测试时，按测试的图片数量准备与其数量相同的调查问卷，并装订成册，形成一套调查问卷。同时，按照被调查对象人数准备相同份数的调查问卷。

测试时，需考虑速度，过快过慢均会影响调查质量。测试最终获得的数据包括对象空间数、被调查人数、评价尺度以及评定测试结果。

8.3.4 评定测试结果分析

取得上述数据后，需要做一定的预处理，以剔除明显的缺项及误差数据，然后进行数据的分析。首先要记录各对象空间在各尺度上的数据，并计算出其平均值和标准偏差值。依此类推，可以对全部数据进行整理。这些评定数据，也可按照不同空间类型进行平均值的图示化。为了给下一步的分析做准备，有时也需要做一些其他相关的辅助计算，如相关性分析，因子分析、聚类分析、回归分析等统计分析方法，进而揭示感知对象对空间的感知差异。

8.4　应用案例①

【摘要】本研究借助 SD 法即语义差别法获取人们对台州地区 9 个城市的整体感知，并研究这些感知与代表城市特征的客观指标之间的关系，为营造宜人的城市环境提供参考。结果表明，台州城市群总体特点较为中庸，但各城市特点各异，基本能分为三组；城市的感知和城市的客观指标之间存在一定关系；与客观指标预期相关的感知和与实际相关的感知存在一定出入；各种指标对感知的影响力由大到小依次为经济指标、规模指标、区位指标和建设指标；经济总量对感知的作用大于人均经济量的作用；受客观指标影响程度由大到小的感知依次是：城市现代化的感知、城市规模和繁华度的感知、城市有序度和城市心理距离的感知、城市尺度的感知；通过进一步的回归分析，最后得到了特定感知量级下对应的城市客观指标值。

【解说】 选取浙江省台州城市群为研究对象，具体包括椒江、黄岩和路桥三区，台州所辖的两个县级市临海和温岭以及玉环、天台、仙居和三门 4 县（市）共九个市（县、区）（图 8-3）。选择台州城市群作为研究对象主要是因为台州是典型的组团状城市，各组团有自身的区位、经济和文化特点，具有一定可比性。

形容词对分为五组共 14 对：第一组，反映城市的都市化面貌，朴实–华丽、乡村–都市、旧–新、土–洋、传统–现代、安全–危险；第二组，反映城市的规模尺度，狭窄–宽阔、规模小–规模大；第三组，反映城市的环境色彩，暗淡–明快、杂乱–整洁；第四组，表示城市的繁华程度，悠闲–繁忙、宁静–嘈杂；第五组，反映城市的偏远程度，偏远–邻近、冷清–热闹。根据一般人能够不混淆处理的感觉量级小于 8 个的原则，确定主观评价等级为 7 级，并使用“非常”“较”“有些”“中等”来区分，从左到右分别给予数值–3、–2、–1、0、1、2、3 以便定量分析时数值化。

1. 城市整体感知情况

通过对样本数据的统计，可得到各城市（县、区）在每个形容词对上的得分情况，

① 王德, 张昀, 崔昆仑. 2009. 基于 SD 法的城市感知研究——以浙江台州地区为例. 地理研究, 28(6): 1528-1536.

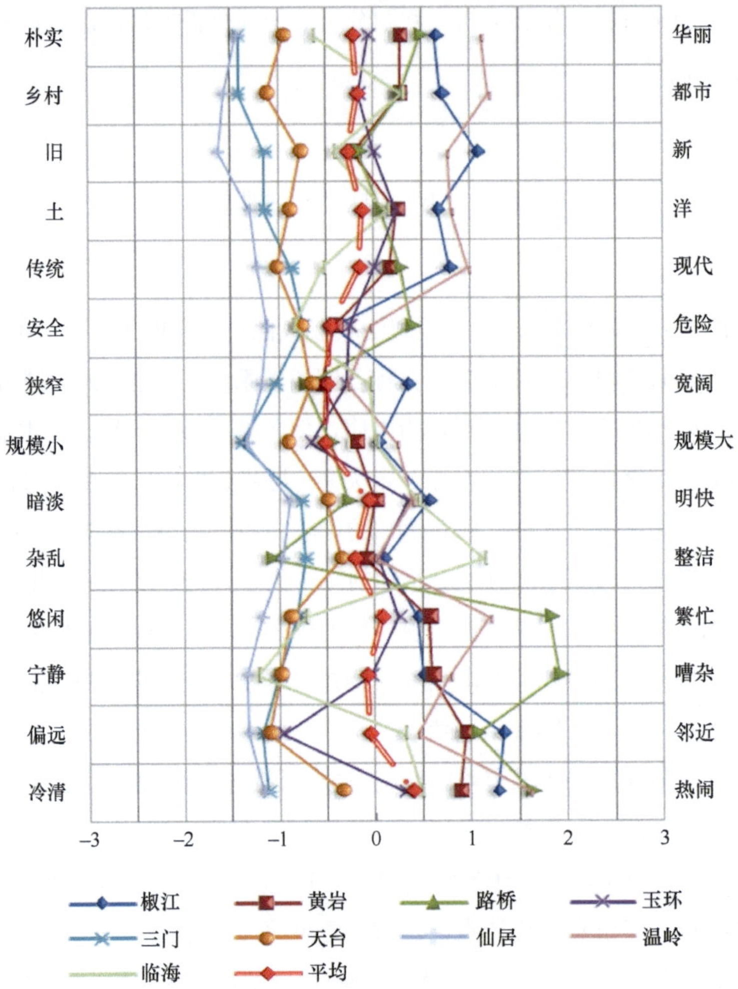

图 8-3　台州九市（县、区）空间感知 SD 曲线图

这些得分源自心理，不妨称为心理量。图 8-3 是根据心理量绘制的九个市（县、区）的 SD 曲线图。从图上可得到以下几点。

1）台州城市群特点较为中庸。SD 曲线图中，红色虚线是九个市（县、区）心理量的平均值，这条曲线位于“0”值附近，说明台州整个城市群的特点是较为中庸的。

2）基本形成两组对照性的城市（县、区）。平均值两侧是布置较为对称的曲线，代表三门、仙居和天台的曲线主要倾向左侧形容词，代表路桥、椒江、黄岩和温岭的曲线主要倾向右侧的形容词。说明这两组城市（县、区）在各方面的特点是相对的。而代表临海和玉环的曲线则亦左亦右，介于上面两组城市（县、区）之间。

3）不同方面的城市（县、区）感知差异程度有别。各城市（县、区）在都市化面貌、城市繁华程度和城市偏远程度方面的感知差异较大，而在城市的规模尺度和环境色彩方面的感知差异较小。

4）各城市（县、区）特点各异。城市在某个形容词上得到了绝对值最高的分数，那么这个形容词就是该城市（县、区）相对于其他城市的特点。由此可以得到表 8-1，表中列出了每个市（县、区）相应的特点。从中可以发现，仙居是特点最多的县；黄岩、玉环和天台是三个毫无特点的市（县、区）；路桥和仙居在城市的繁华度方面是两个极端；在都市化面貌上仙居和温岭又是截然不同；椒江和温岭都市化的气象最为显著；尽管台州九个市（县、区）的规模都不大，但三门的规模是尤其小的；临海的整洁度远高于其他城市（县、区），并且是其唯一的特点。

表 8-1　台州城市群各市（县、区）特点

市（县、区）	相对突出的特点
椒江	最邻近、最新、最宽阔、最明快
黄岩	
路桥	最热闹、最繁忙、最危险、最嘈杂
玉环	
三门	规模最小
天台	
仙居	最偏远、最冷清、最朴实、最乡村、最悠闲、最安全、最宁静、最旧、最狭窄、最黯淡、最土、最传统
温岭	最华丽、最都市、规模最大、最洋和最现代
临海	最整洁

2. 加入聚类分析法

将 14 个形容词得到的得分作为类似度，使用聚类分析法中的最长距离法对城市进行分组，并将每组在各个形容词对上的平均得分绘成 SD 曲线图。这 9 个市（县、区）大体划分为 3 组，排名不分先后（图 8-4）。可发现感知上同类型的市（县、区），在城市建设和经济等方面，也存在相似之处。

第一组：三门、仙居、天台。这组市（县、区）的 SD 曲线基本位于另外两组的左侧，呈现左侧形容词的特点。现实情况是，这三个市（县、区）经济均欠发达，名列浙江省 25 个欠发达地区的名单之上。

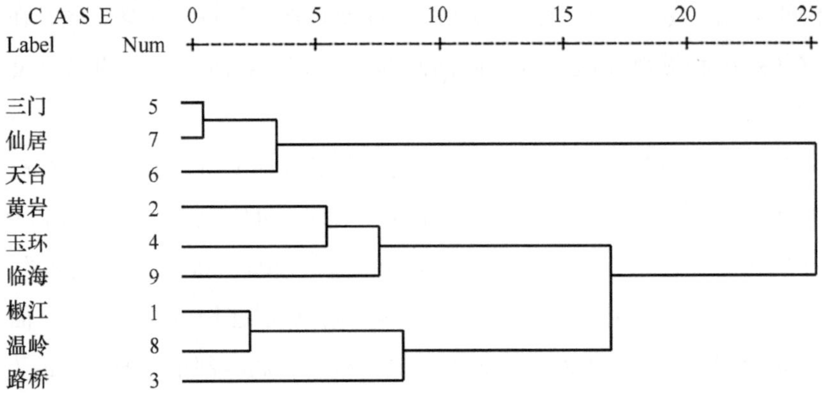

图 8-4 城市聚类分析图

第二组：黄岩、玉环、临海。这组市（县、区）SD 曲线基本位于 0 轴附近，其共同特点是这三个市（县、区）行政权属变更频繁，均有一定的城市建设基础，总体而言城市并无突出特点。

第三组：椒江、温岭、路桥。三者均为台州经济发达地区，这组市（县、区）SD 曲线基本倾向于右侧形容词。

当然，即使是同一组的市（县、区），在某些方面还是存在一定差距的。例如，第一组中，仙居除了在"规模"得分上略高于三门，其在每个形容词对上的得分都是最低的；第二组中，临海在"宁静"和"整洁"上的得分绝对值比较突出，玉环则更加相对"偏远"；第三组中，路桥的评价曲线波动较大，突出显示了其"繁忙""嘈杂""杂乱"的特点。

3. 加入相关性分析法

将各个市（县、区）具体的客观指标和心理量进行相关性分析。将各市（县、区）的五组心理量和人均 GDP、GDP、社会消费品零售总额、批发和零售业增加值、工业增加值等客观指标做相关性分析，得到相关系数表 8-2。观察表中相关系数，可发现以下五点规律。

第一，绝大多数的客观指标与心理评价存在或多或少的相关性，而且这些相关性大都可以得到一定的有意义的解释。

第二，与客观指标预期将要相关的心理量和与实际相关的心理量存在一定出入，也

表 8-2 心理量和城市客观指标相关性分析

分组	第一组						第二组		第三组		第四组		第五组	
心理量 / 客观指标	朴实–华丽	乡村–都市	旧–新	土–洋	传统–现代	安全–危险	狭窄–宽阔	规模小–规模大	暗淡–明快	杂乱–整洁	悠闲–繁忙	宁静–嘈杂	偏远–邻近	冷清–热闹
人均 GDP/(万元/人)	0.758*	0.632	0.712*	0.703*	0.760*	0.837**	0.490	0.464	0.565	–0.026	0.822**	0.819**	0.565	0.738*
GDP/万元	0.879**	0.923**	0.827**	0.888**	0.872**	0.669*	0.631	0.856**	0.776*	0.411	0.736*	0.625	0.634	0.856**
社会消费品零售总额	0.894**	0.890**	0.760*	0.812**	0.860**	0.773*	0.476	0.809**	0.606	0.194	0.844**	0.766*	0.730*	0.903**
批发和零售业增加值	0.798**	0.737*	0.621	0.659	0.756*	0.853**	0.279	0.607	0.421	–0.040	0.867**	0.797*	0.588	0.815**
工业增加值	0.874**	0.912**	0.828**	0.903**	0.866**	0.658	0.643	0.841**	0.809**	0.444	0.718*	0.603	0.580	0.832**
人均公园绿地面积/(m^2/人)	0.170	0.411	0.335	0.385	0.220	–0.042	0.476	0.474	0.550	0.738*	–0.060	–0.217	0.019	0.186
建成区绿地率/%	0.457	0.726*	0.563	0.681*	0.508	0.149	0.697*	0.793*	0.762*	0.832**	0.231	0.116	0.554	0.527
建成区/市区面积/km^2	0.668*	0.826**	0.728*	0.827**	0.689*	0.312	0.732*	0.836**	0.871**	0.741*	0.392	0.252	0.447	0.634
建成区/市区人口规模/万人	0.742*	0.887**	0.791*	0.893**	0.760*	0.376	0.783*	0.892**	0.915**	0.735*	0.470	0.345	0.555	0.713*

续表

分组	第一组						第二组		第三组		第四组		第五组	
客观指标 \ 心理量	朴实–华丽	乡村–都市	旧–新	土–洋	传统–现代	安全–危险	狭窄–宽阔	规模小–规模大	暗淡–明快	杂乱–整洁	悠闲–繁忙	宁静–嘈杂	偏远–邻近	冷清–热闹
距中心城市的距离/km	–0.722*	–0.737*	–0.695*	–0.688*	–0.750*	–0.589	–0.558	–0.693*	–0.519	–0.158	–0.700*	–0.733*	–0.961**	–0.787*
人均汽车拥有量/（辆/人）	0.761*	0.612	0.600	0.637	0.722*	0.891**	0.321	0.453	0.406	–0.177	0.905**	0.934**	0.692*	0.783*
现状工业用地面积/km^2	0.362	0.561	0.327	0.492	0.346	0.204	0.494	0.625	0.483	0.444	0.323	0.316	0.776*	0.550
人均道路广场面积/（m^2/人）	0.555	0.681*	0.543	0.570	0.496	0.214	0.560	0.774*	0.532	0.431	0.338	0.282	0.627	0.641
现状道路广场用地面积/km^2	0.446	0.599	0.547	0.576	0.492	0.135	0.703*	0.662	0.598	0.474	0.283	0.307	0.823**	0.548

**表示显著性在 0.01 水平上显著，*表示显著性在 0.05 水平上显著。

就是说存在客观指标不能为人感知的可能性，或某种感知并非个别指标就能解释清楚的，而是存在更加复杂的原因。

第三，与心理量高度相关的因子主要集中在人均 GDP、GDP、社会消费品零售总额、批发和零售业增加值、工业增加值等反映城市经济水平的客观指标上；与心理量有一定相关性的因子主要集中在建成区面积、建成区人口等反映城市规模的客观指标上。此外，反映城市区位的指标“与中心城市的距离”和反映城市环境的指标之一“建成区绿地率”以及“人均汽车拥有量”也和心理量有一定关系；与心理量相关性较弱的因子主要是反映城市环境、建设水平的指标，如人均公园绿地面积、现状工业用地面积、人均道路广场面积和现状道路广场用地面积等指标。

总体而言，各种指标对心理影响力由大到小依次约为：经济指标、规模指标、区位指标、建设指标。

第四，在经济指标中，与 GDP 指标高度相关的心理量有 7 个，主要包括表示城市现代化程度和城市规模的因子；而与人均 GDP 指标高度相关的心理量只有 3 个，主要是表示城市繁华度的因子。因此，可认为经济总量对心理的作用大于人均经济量的作用，且经济总量反映在城市建设面貌上，而人均 GDP 反映在城市的活动状态上。

第五，与城市客观指标相关最多的因子主要集中在表示城市现代化程度的形容词对上。除此，表示城市规模的心理量和表示城市繁华程度的心理量的相关因子也非常多；与城市客观指标相关因子比较多的因子有表示城市有序度的心理量和表示城市心理距离的心理量；与城市客观指标相关因子比较少的因子是表示城市尺度的心理量。

4. 加入回归分析法

将以上相关的心理量和客观指标进行回归分析，可以得到表 8-3，此表记录了特定心理量级对应的城市指标值，这些数值可为规划设计提供参考依据。以城市规模为例，城市规模的感知涉及经济规模和城市建设规模的影响，另外又受到中心城市的影响。当 GDP 总量达到 20 亿元，城市建成区规模达到 $32km^2$ 或者人口达到 28 万人左右时，城市规模站在“大”和“小”的临界点上。当城市规模给人感觉非常大时，城市人口为 73 万人，城市规模为 $86km^2$。

表 8-3　心理量对应的回归指标

城市有序度	形容词对	杂乱–整洁							回归曲线图
	感觉量级	–3	–2	–1	0	1	2	3	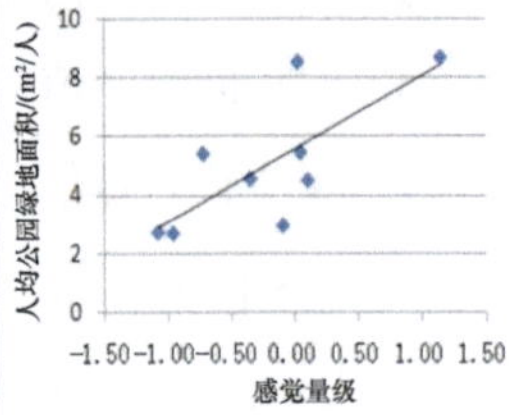
	人均公园绿地面积/（m^2/人）	—	0.60	3.10	5.60	8.10	10.60	13.10	
	回归方程式	$y = 2.499x + 5.598$							
	感觉量级	–3	–2	–1	0	1	2	3	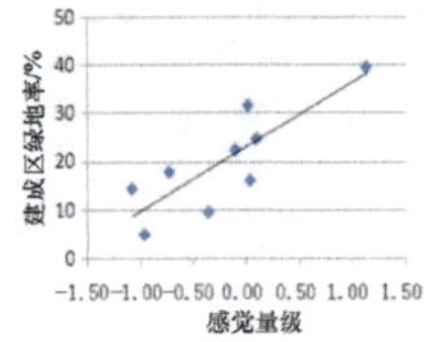
	建成区绿地率/%	—	—	10	23	36	49	63	
	回归方程式	$y = 0.132x + 0.230$							
城市现代化程度	形容词对	传统–现代							回归曲线图
	感觉量级	–3	–2	–1	0	1	2	3	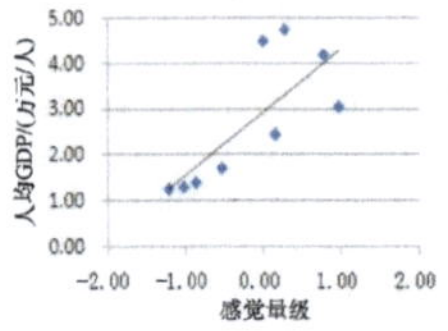
	人均 GDP/（万元/人）	—	0.20	1.57	2.95	4.32	5.70	7.08	
	回归方程式	$y = 1.376x + 2.947$							
城市规模	形容词对	小–大							回归曲线图
	感觉量级	–3	–2	–1	0	1	2	3	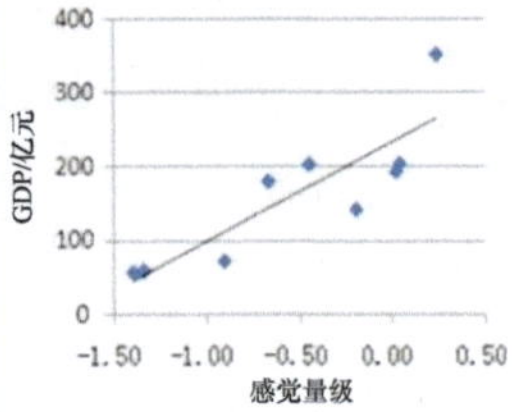
	GDP/亿元	—	0	100	200	300	400	500	
	回归方程式	$y = 1E + 06x + 2E + 06$							
	感觉量级	–3	–2	–1	0	1	2	3	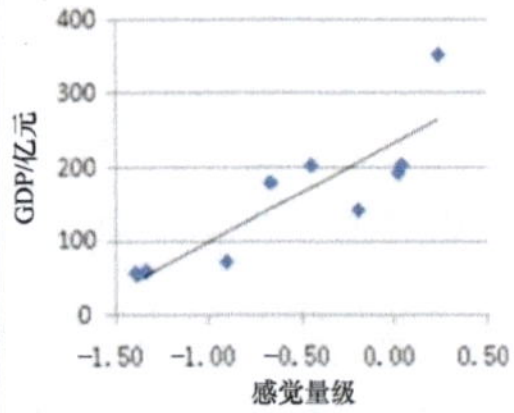
	建成区面积/km^2	—	—	14.39	32.2	50.01	67.82	85.63	
	回归方程式	$y = 17.81x + 32.20$							
	感觉量级	–3	–2	–1	0	1	2	3	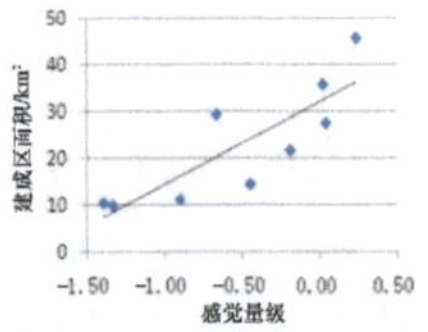
	建成区人口规模/万人	—	—	12.54	27.67	42.8	57.93	73.06	
	回归方程式	$y = 15.13x + 27.67$							

续表

<table>
<tr><td rowspan="12">城市心理距离</td><td>形容词对</td><td colspan="7">偏远–邻近</td><td>回归曲线图</td></tr>
<tr><td>感觉量级</td><td>–3</td><td>–2</td><td>–1</td><td>0</td><td>1</td><td>2</td><td>3</td><td rowspan="3">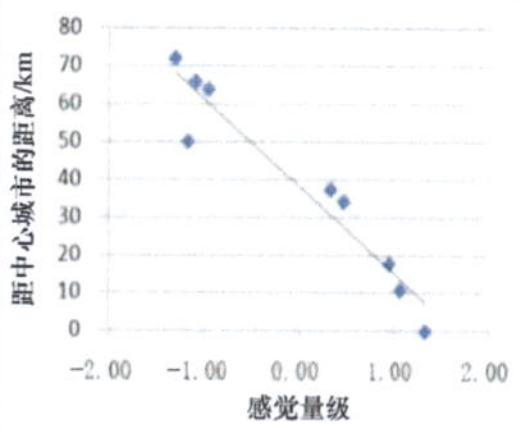
</td></tr>
<tr><td>距中心城市的距离/km</td><td>—</td><td>—</td><td>14.98</td><td>38</td><td>61.02</td><td>84.04</td><td>107.06</td></tr>
<tr><td>回归方程式</td><td colspan="7">$y = 23.02x + 38.00$</td></tr>
<tr><td>感觉量级</td><td>–3</td><td>–2</td><td>–1</td><td>0</td><td>1</td><td>2</td><td>3</td><td rowspan="3">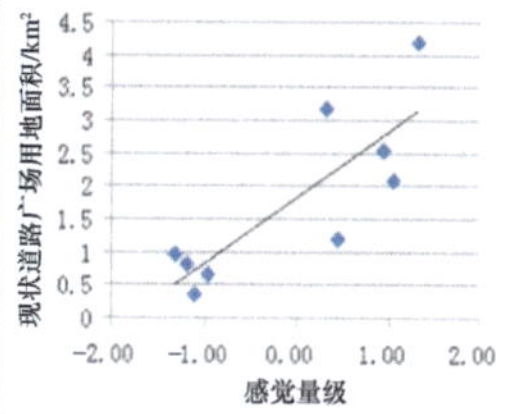
</td></tr>
<tr><td>现状道路广场用地面积/km²</td><td>—</td><td>—</td><td>0.83</td><td>1.82</td><td>2.82</td><td>3.82</td><td>4.81</td></tr>
<tr><td>回归方程式</td><td colspan="7">$y = 0.996x + 1.823$</td></tr>
<tr><td>感觉量级</td><td>–3</td><td>–2</td><td>–1</td><td>0</td><td>1</td><td>2</td><td>3</td><td rowspan="3">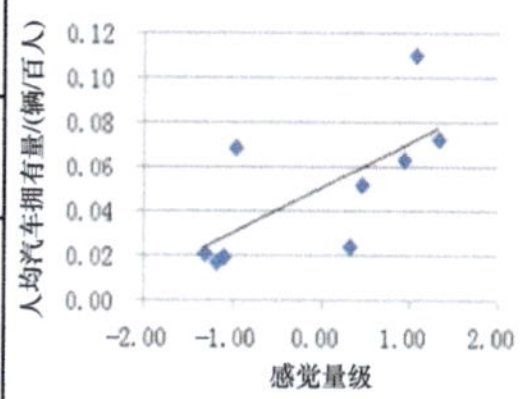
</td></tr>
<tr><td>人均汽车拥有量/（辆/百人）</td><td>—</td><td>1</td><td>3</td><td>5</td><td>7</td><td>9</td><td>11</td></tr>
<tr><td>回归方程式</td><td colspan="7">$y = 0.020x + 0.050$</td></tr>
</table>

参考文献

郝洛西, 杨公侠. 1998. 关于购物环境视觉诱目性的主观评价研究. 同济大学学报, (5): 585-589.

章俊华. 2004. 规划设计学中的调查分析法 16-SD 法. 中国园林, (10): 54-59.

庄惟敏. 1996. SD 法与建筑空间环境评价. 清华大学学报(自然科学版), (4): 42-47.

Coxhead P, Bynner J M. 1981. Factor-analysis of semantic differential data. Quality and Quantity, 15(6): 553-567.

French P L. 1977. Nonverbal measurement of affect: The graphic differential. Journal of Psycholinguistic Research, 6: 337-347.

Freundschuh S M, Egenhofer M J. 1997 .Human Conceptions of Spaces: Implications for Geographic Information Systems. Transactions in GIS, 2(4): 361-375.

Ge J, Hokao K. 2005. Applying the methods of image evaluation and spatial analysis to study the sound environment of urban street areas. Environmental Psychology, 25(4): 455-466.

Heise D R. 1969. Some methodological issues in semantic differential research. Psychological Bulletin, 72(6): 406-422.

Lim E M, Honjo T, Umeki K. 2006. The validity of VRML images as a stimulus for landscape assessment. Landscape and urban planning, 77(1-2): 80-93.

Llinares G, Page A. 2007. Application of product differential semantics to quantify purchaser perceptions in housing assessment. Building and Environment, 42(7): 2488-2497.

Osgood C E, Tannenbaum P H, Suci G J. 1957. The Measurement of Meaning. Urbana: University of Illinois Press.

Valois P, Godin G. 1991. The importance of selecting appropriate adjective pairs for measuring attitude based on the semantic differential method. Quality and Quantity, 25(1): 57-68.

第 9 章

空间行为分析模拟软件与应用案例

9.1 概　　要

在新数据环境和以人为本的规划设计理念驱使下，高密度、高复杂度的城市建成环境对空间规划与设计提出了新的要求。规划师和建筑师往往需要进行更为精细的多要素叠合分析与决策，基于经验和价值判断的方法在实践应用中的局限性日益凸显。因此，在规划设计方案的制定与决策过程中，有必要结合个体空间行为的分析与模拟研究，从定性描述转向定量测度，从后置观察转向前置预测。在收集个体空间行为数据以后，研究者可以定量解释空间行为背后的影响机制，并根据已发现的行为选择机制预测个体在新空间环境下的行为特征，进而提供更加细致的空间行为研究工具来辅助设计实践。

然而，对于大多数规划师与建筑师来说，将空间行为的分析与模拟纳入实际规划设计项目是有难度的。首先，个体行为数据获取难度较大。特别是对于还处于方案设计阶段的项目来说，无法得知使用者在建成环境中的真实行为；其次，空间行为分析与模拟的技术路线较难掌握。获取个体行为数据之后，如何描述个体行为特征、如何构建模型解释行为选择机制、如何做到对个体行为的预测，这些都需要长时间的研究积累；最后，基于现有软件平台进行空间行为分析与模拟耗时较长、效率不高。全过程需要涉及制图软件、数据分析软件、空间可视化软件等多个软件协同工作，一位规划师或建筑师很难同时掌握这些软件并在短时间内进行多个方案下的行为模拟。

因此，为推广空间行为分析与模拟方法、降低空间行为分析与模拟的技术门槛与成本，本研究团队基于 Matlab 开发了 CCSIM 软件①平台，供规划、建筑设计人员或其他有需求的人员使用。本章剩余部分的结构组织如下：9.2 节介绍 CCSIM 软件的基本情况及自身优势；9.3 节重点讲述 CCSIM 软件的主体功能及使用方法；9.4 节以一个实际案例为例，展示如何借助 CCSIM 实现从无到有的空间行为分析与模拟。

9.2　CCSIM 软件介绍

9.2.1　开发概况

CCSIM 是 Commercial Complex SIMulator 的简称，代指商业综合体模拟器，其最初

① 下载链接为 http://wangc.net/ccsim/。

的开发目的是模拟商业综合体中消费者的空间选择行为。这是一个集成式的工具箱，使用者只需要了解输入和输出内容，不必涉及复杂的建模与模拟过程，从而为实际工作提供极大的便利。CCSIM 基于 Matlab 中的图形用户界面（graphic user interface，GUI）开发，因此，要求用户在使用前已安装有 Matlab 软件或 Matlab 运行环境（Matlab compiler runtime，MCR）。程序的基本界面包括标题栏、菜单栏、绘图区、快速操作区，其中主要功能集中在菜单栏，包括如下 10 个一级菜单和一系列次级菜单（图 9-1）。

图 9-1　CCSIM 的初始主界面

CCSIM 的程序架构如图 9-2 所示，包括表现层、功能层、数据层。表现层承担人机交互任务，通过功能菜单和快速操作区输入数据和指令，通过绘图区和即时窗口输出结果和提示。功能层是程序的核心，负责执行通用技术路线中的各项业务，包括输入基础数据、构建行为模型、行为模拟、结果可视化。功能层中涉及的数据将在数据层中存储和交换，其中包括基础数据、选择模型数据、模拟设定和边界条件数据、结果数据。当规划设计人员有条件开展个体空间行为调查时，这些实测数据也被纳入数据层中，可用于自定义模型系数的估计，提供模拟所需的边界条件，作为真实数据用于对比等。

9.2.2　技术路线

著者团队基于相关案例的积累，提出一套个体空间行为（特别是商业空间的消费者行为）分析和模拟的通用技术路线（图 9-3），并以这套技术路线为基础开发 CCSIM 软件。图 9-3 中左侧从上到下的 4 个步骤为主线：首先开展个体空间行为调查；其次利用这些实测行为数据进行描述性分析，包括基本特征、空间特征、功能使用特征等；

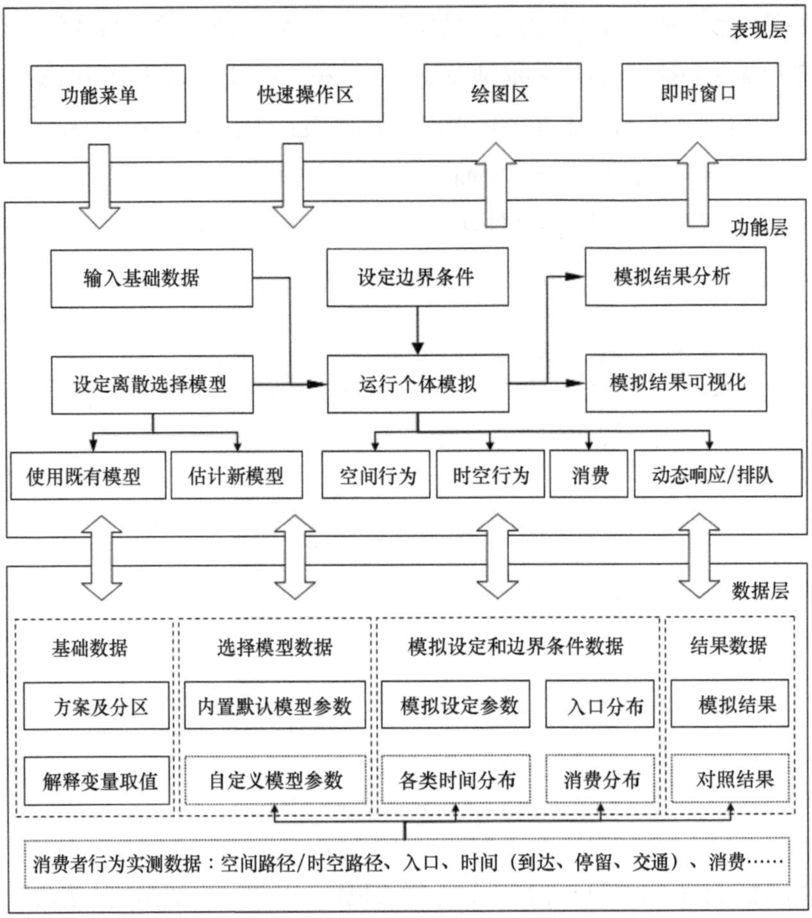

图 9-2　CCSIM 的程序架构

再次开展最为核心的个体空间行为模型和模拟分析，对个体行为进行解释和预测；最后基于上述模拟分析的结果得出结论。需要指出：由于实务中行为调查工作难以保证，在CCSIM 软件中前两个步骤当条件不允许时可以省略，直接使用事先构建好的经验模型进行模拟分析。这样做的好处在于当个体行为实测数据无法获取时（方案还未实施或行为调查成本较高），规划、建筑设计师依然能够开展空间行为研究的后续工作。图 9-3中右侧的虚线框内展示了通过模型和模拟分析得出结论的具体技术路线：首先，输入当前空间环境（已建成）或设计方案（未建成）的环境要素；其次，利用从实测数据拟合的新模型或既有的经验模型开展个体空间行为模拟，从结果中发现问题；最后，针对问题，结合专业知识提出空间优化措施，或对原方案进行调整，再对这些措施或新方案进行新一轮模拟，并与原先的结果进行对比评价，进而得到结论。

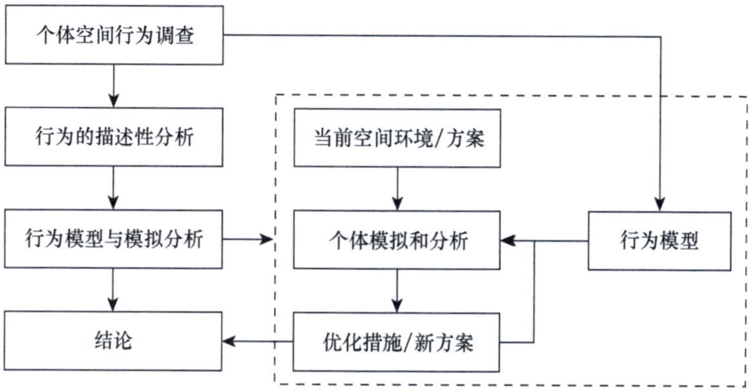

图 9-3　行为视角下空间设计优化的通用技术路线

CCSIM 软件分析和模拟空间行为的基本原理是通过构建离散选择模型（discrete choice model）中比较经典的多项 Logit 模型（multinomial logit，MNL）解释个体在空间环境中的选择决策，并以此模型为基础计算个体在不同情景下选择各空间单元的概率，进一步生成随机数进行蒙特卡洛模拟（Monte Carlo simulation），从而在个体层面模拟其完整的行为轨迹，最后汇总到集合层面得到一系列特征结果。

9.2.3　适用范围

CCSIM 软件最初用于模拟分析商业综合体中的消费者行为，但该软件可以适用于更广泛的场景。CCSIM 及整个模拟分析技术的核心是通过离散选择模型解释个体连续的空间选择行为，而个体行为并不限于消费者行为，空间也不限于商业综合体。在规划设计分析中，CCSIM 可广泛适用于中微观尺度下各类空间中的回游行为分析：只要整体空间可以被划分为一系列的兴趣小区（或兴趣点），个体自进入空间范围开始，在这些小区中任意连续地选择，直至最后离开，即可契合 CCSIM 的分析对象要求。具体而言：除了商业综合体以外，其他商业空间（商业街、商业中心区等）中的消费者行为，展览空间（博览会、大型活动等）中的参观行为，娱乐空间（公园、游乐场等）中的游憩行为等，均可以通过 CCSIM 软件进行模拟分析。

9.2.4　软件优势

相比运用现有软件平台进行空间行为的分析与模拟，CCSIM 软件的核心优势是兼顾“简单易操作”和“功能强大、灵活”，能够充分降低行为研究的技术门槛和人力、时间成本。

为了实现用户对软件“简单易操作”的需求，CCSIM 尽可能将复杂的计量方法和处理流程封装起来，设置大量防呆装置（fool-proof）①、实时帮助系统，从而充分降低技术门槛，能够使绝大多数规划、建筑设计人员自如地使用。同时，CCSIM 软件提供了诸多便捷应用，如能够读取 AutoCAD/ArcGIS 底图、支持 csv 格式数据导入、提供结果可视化界面等，集成了多类软件的功能，能够帮助使用者高效、快速地完成行为模拟与分析。

在“简单易操作”的基础上，CCSIM 软件也力图做到“功能强大、灵活”。一方面，CCSIM 完善的功能体系足以覆盖 9.2.2 节中技术路线的全部内容，并进一步支持时间维度下的行为研究，如时间效应、排队效应、动态响应②等，表 9-1 展示了 CCSIM 软件的功能列表。另一方面，CCSIM 软件能够在“一般”和“高级”两种模式之间灵活切换（表 9-2）。“一般”模式内置了默认的空间行为模型，行为的解释变量已经由该模型预设好，用户无法根据需求使用其他变量，但这种模式能够为没有调查条件、无法拟合模型的使用者提供内置的经验模型系数直接使用，可以帮助使用者在方案设计阶段实现简单快速的行为模拟。在“高级”模式下，使用者可以自己收集数据、设置自定义的行为的解释变量、构建离散选择模型。这种模式对于行为数据和建模能力的要求更高，为具有前期调研条件的使用者提供了更加精确、可靠的行为分析与模拟方法。

表 9-1 CCSIM 的菜单和对应功能

一级菜单	主要二级菜单	功能说明
Data	Standard Configuration Files	通过标准配置文件进行文件读写管理
	Input Environment Data	输入环境数据：方案及分区
	Input Explanatory Variables	输入解释变量数据
	Input Path Data	输入消费者调查的个体路径数据
	Input Time Data / Consuming Data	输入消费者调查的时间/消费相关数据
	Input Comparison Data	输入对比数据用于校核或多方案比较

① 通过报错和修正提示，允许缺乏经验、专业知识不足的使用者使用，允许使用时的人为疏忽。

② 这些功能均已在 CCSIM 中实现，但由于需要额外的数据支持，因此未在本章节中讨论，如有需要可以联系 wangcan1213@gmail.com。

续表

一级菜单	主要二级菜单	功能说明
Logit Model	Logit Model Estimation	基于个体路径数据自动估计 Logit 模型
	Use the User-Defined Coefficients	在模拟中使用用户自定义的模型系数
	Use Predefined Coefficients	在模拟中使用内置的基准模型系数
Simulation	Num. of Simulated Individuals	设定模拟的消费者数量
	Spatial Behavior Simulation	消费者空间行为模拟
	Spatiotemporal Behavior Simulation	消费者时空行为模拟
	Consuming Behavior Simulation	消费模拟
Plot	Individual Spatial Distribution	停留次数的空间分布：散点图或色图
	Distribution of Density at Certain Time	特定时间点的密度分布色图
	Individual Spatial Movements （OD）	消费者的空间移动：OD 期望线图
	Lorenz Curve of Spatial Distribution	停留次数/消费额的空间洛伦兹曲线
	Time-Variation of Specific Zone	特定小区客流量等指标的时变曲线图
	Comparison：Line / Scatter Plot	当前模拟结果与对照结果的对比分析
Video	Individual Distribution / Density	停留人数/密度等指标的动态变化
Export Results	Statistics / Individual Distribution / Spatiotemporal Distribution / OD Matrix / Raw Path Data	导出各种模拟结果，如重要统计量、空间分布、时空分布、OD 分布、每次模拟得到的个体路径原始数据等
Settings	Dynamic Result Play Time Interval / Play Speed / Default View Point	更改辅助设定，如动态视频中时间粒度和播放速度、三维显示的默认视角等
Advance	Use Advance Mode	开启和关闭高级模式
	Define Variables / Input User Defined Variables	在高级模式下自定义解释变量，并输入这些变量的数据
	Define Time Variables	在高级模式下定义时间相关变量
	Define Dynamic Variables	在高级模式下定义动态响应变量

表 9-2　CCSIM 中的两种模式

	解释变量	行为模型	分析流程	适用对象
一般模式	封闭：默认的 6 个	可使用程序内置的经验模型系数	导入方案→空间行为模拟	无调查，希望快速实现模拟
高级模式	开放：可按需自定义	需要根据个体行为数据重新拟合模型	导入方案→定义解释变量→估计模型→（处理时间数据）→时空行为模拟	有调查，追求模拟的精确度

9.3 CCSIM 软件的主体功能及使用方法

9.3.1 基础数据输入

使用 CCSIM 软件实现空间行为模拟与分析需要输入三类数据：空间环境数据、解释变量数据和个体行为数据。其中，个体行为数据若无法获取可以不输入，在“一般”模式下仅输入空间环境数据和解释变量数据即可进行模拟。

1. 空间环境数据

空间环境数据是行为模拟的环境基础，使用者需要将规划、建筑设计方案转换成空间环境数据输入 CCSIM 软件。以商业综合体为例，消费者从某一出入口进入，依次选择各空间分区中的店铺发生停留与消费，最后选择一个出入口离开，由此商业综合体的设计方案可以抽象为出入口信息和空间分区信息两部分，其他的规划、建筑设计方案同样如此。使用者的第一步工作是将自己方案的空间分区、出入口信息输入 CCSIM 软件。CCSIM 软件可以通过 4 种方式导入设计方案的空间分区和出入口信息：①经由 AutoCAD 的 dxf 文件导入[图 9-4（a）]；②经由 ArcGIS 的 shp 文件导入[图 9-4（b）]；③由 csv 文件导入空间坐标[如 9-4（c）]；④在程序自带的 CCSIM Editor 中直接编辑简单的方案[图 9-4（d）]。

2. 解释变量数据

输入空间环境数据之后，使用者需要测度可能影响个体选择行为的空间属性，即解释变量数据。同样以商业综合体为例，消费者在选择店铺时会考虑这个店铺的营业面积、对其熟悉程度、与自己的平面距离、需不需要上下楼等，因此空间分区的功能面积、熟悉度、与个体的平面距离、竖向距离都会影响个体的行为选择。CCSIM 软件提供了两种解释变量数据的输入方法：“自动计算”或“手动输入”。“自动计算”能够帮助使用者大量减少数据计算的时间，只要上一步空间环境数据输入的几何信息准确，就可自动计算各空间分区的功能面积、平面距离和竖向距离变量。功能面积与平面距离的计算原理与 ArcGIS 中计算几何（calculate geometry）的原理相同，竖向距离则是计算空间分区的相对楼层差：首先，CCSIM 根据方案底图的平面关系自动识别建筑；其次，用户根据需要增加连廊；最后，CCSIM 通过 Dijkstra 最短路径算法计算每两个小区的最小相对楼层差

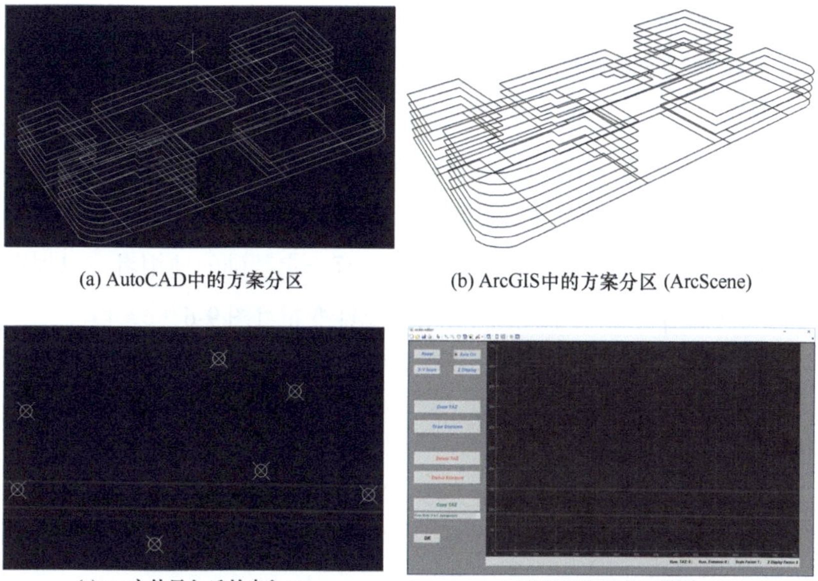

(a) AutoCAD中的方案分区　　(b) ArcGIS中的方案分区 (ArcScene)

(c) csv文件导入后的出入口　　(d) CCSIM Editor界面

图 9-4　CCSIM 中导入设计方案的空间分区和出入口信息

（图 9-5）。需要注意的是，CCSIM 软件还内置了两个特殊的解释变量：一个是“重复到访”变量，其反映的行为机制是消费者不太可能重复逛同一个店铺多次；另一个是“回家”变量，其逻辑是消费者累计逛店铺的次数越多，越有可能离开综合体回家。增加这两个解释变量能够更加接近消费者的行为选择机制，从而提升模型拟合优度和模拟的精确度。

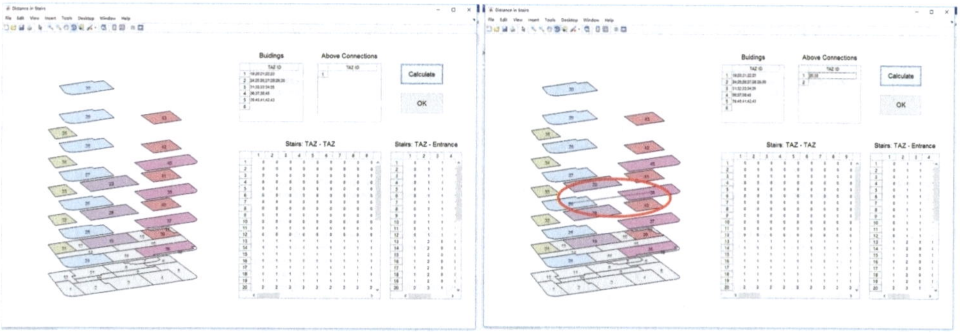

(a) 无连廊　　(b) 有连廊

图 9-5　CCSIM 自动生成小区间的竖向距离

左侧底图的不同颜色代表不同的建筑，可基于方案自动识别；右上方为建筑和连廊关系表；右下方为 CCSIM 计算得到的小区–小区以及小区–出入口的竖向距离矩阵除了以上五个解释变量以外，其余解释变量数据需要使用者“手动输入”。在“一般”模式下，6 个解释变量中已有 5 个能够自动计算，真正需要自己输入的只有“熟悉度”变量，用户可以基于问卷调查或结合网络点评获取数据，并以 csv 文件形式导入。在“高级”模式下，使用者可以根据需求自己设定解释变量。解释变量设定完成后，用户需要通过 csv 文件形式导入除能够自动计算的五个变量以外的所有变量数据[图 9-6（a）]。此外，高级模式下还支持时间解释变量的设置，有一定基础的使用者可以根据需要设定时间变量[图 9-6（b）]或是时间和空间的交互属性变量[①][图 9-6（c）]。

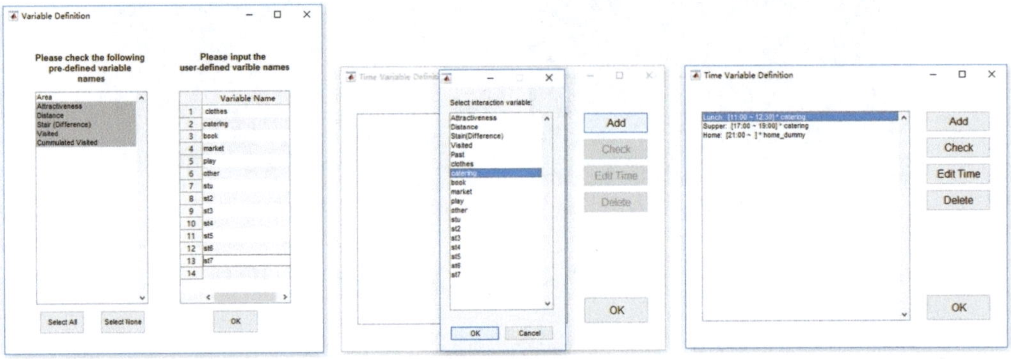

(a)“一般”与“高级”模式下的解释变量　(b) 设定时间相关变量　(c) 设定交互影响变量

图 9-6　CCSIM 中手动输入解释变量数据

3. 个体行为数据

个体行为数据记录了个体从某出入口进入空间环境，依次选择了哪些空间分区，最后离开空间环境的全过程信息，也称为个体回游路径数据。虽然 CCSIM 软件在没有个体行为数据的条件下也可进行模拟，但还是建议在有能力的情况下开展行为调查，并将调查得到的个体行为数据输入软件以提高模拟准确度。CCSIM 可以识别的个体回游路径数据有宽表（wide form）和长表（long form）两种格式。宽表更加直观、简明，但只适用于不含时间信息的单纯空间路径，长表则可以支持时空路径。以宽表形式表达的空间路径示例如图 9-7（a），每一行对应一位消费者的路径，其中第一列为消费者编号，第二列为该消费者进入商业综合体的入口编号，第三列及以后（直至行末）为该消费者在商业综合体内

① 例如，餐饮类店铺在午饭、晚饭时段对消费者的吸引力会有额外的提升，因此将餐饮类营业面积乘以时段影响变量可以得到一个新的时空交互变量，从而更加贴合个体的真实选择行为。

依次发生活动的空间分区编号。消费者回游路径的长短是由其逛店铺的总次数决定的，如图 9-7（a）中 42 号消费者的路径长度达到 12（“24→25→26→27→28→29→31→32→39→40→41→42”），但 44 号消费者只逛了一个店铺，因而路径长度仅为 1（“1”）。以长表形式表达的时空路径示例如图 9-7（b），它将路径节点转置成列，并头尾叠放在一起形成长列，在其他列中可增加路径节点的时间信息，包括到达时刻（形式：HHMM）、停留时间（单位：min）。例如，图 9-7（b）中 43 号消费者的路径为“26→27”，其到达小区 26 的时刻为 10:35，停留 60min，到达小区 27 的时刻为 11:40，停留 60min，之后回家。

Individal	Entrance	From Now on: PATH											
40	4	15	22	39	40								
41	5	32	15										
42	4	24	25	26	27	28	29	31	32	39	40	41	42
43	4	26	27										
44	1	1											
45	1	28	20	37	38	45							
46	1	22	24	25	26	14							
47	1	25											
48	3	34	24	25	26	14	22						
49	4	34	19										
50	1	3	22	26	28								
51	3	24	28	32									
52	3	25	26	28	3	7	19	14					
53	1	32	37	38									
54	3	37	38	45									
55	6	19	37	38	15								
56	4	37	38	45									
57	1	33	23										
58	5	31	22										
59	4	37	38	45									
60	3	31	40	36									
61	2	27	20	44									
62	1	37	38	31	14								
63	3	31	14	26	14	40	44						

(a) 宽表形式的空间路径

IndividualI[TAZID		Time	Stay
43	26	1035	60
43	27	1140	60
44	1	1225	10
45	28	1335	30
45	20	1415	20
45	37	1445	10
45	38	1455	10
45	45	1505	10
46	22	1515	110
46	24	1720	30
46	25	1755	20
46	26	1815	20
46	14	1845	50
47	25	1305	45
48	34	1250	40
48	24	1335	10
48	25	1345	10
48	26	1355	10
48	14	1410	20
48	22	1430	110

(b) 长表形式的时空路径

图 9-7　个体行为数据

9.3.2　空间行为的描述性分析

CCSIM 中提供了丰富的统计与可视化方法，包括专题地图、统计图和视频动画[①]三种形式，辅助用户在获取行为数据后对个体空间行为进行初步的描述性分析。专题地图和统计图是最常用的两种形式：统计图部分，CCSIM 支持洛伦兹曲线、到访次数分布、时间变化曲线等图表绘制（图 9-8），使用者可以根据需要进行选择；专题制图部分同样提供了散点图、分类色彩图、OD 矩阵图供使用者选择（图 9-9）。

用户可以通过快速操作区“Plotting Options”面板中的“Plot Item”下拉菜单选择所需的绘图项目，再单击面板内的“PLOT”按钮，结果将显示在主界面左侧的绘图区中。同时，用户可以根据需求修改分类间断点、调整单一颜色或是更改色带（图 9-10）。操作完成后，用户可以通过菜单栏“Export Results - Plot”将结果保存为 png 文件。

① 视频动画制作较为复杂在本章不做展开，如需要请参照 CCSIM 使用说明或联系 wangcan1213@gmail.com。

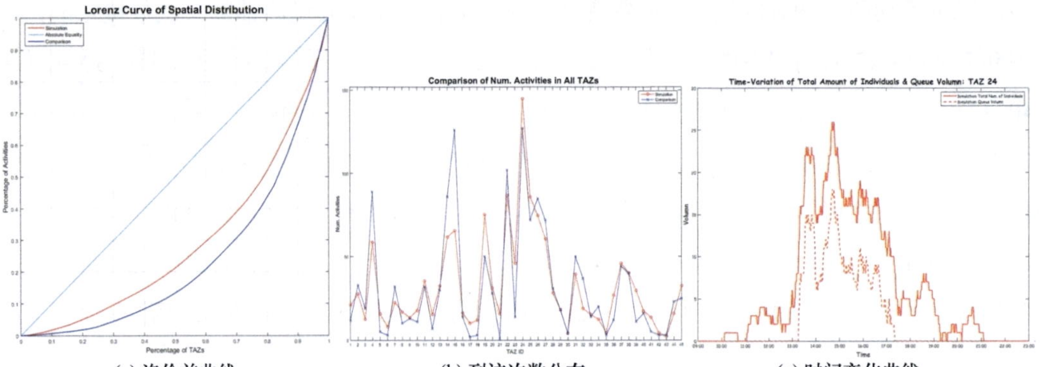

(a) 洛伦兹曲线　　(b) 到访次数分布　　(c) 时间变化曲线

图 9-8　CCSIM 绘制的统计图

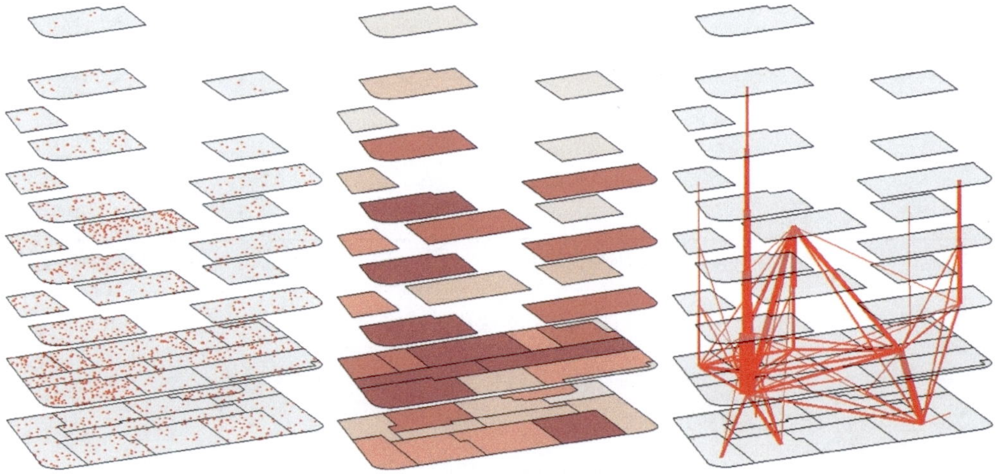

(a) 散点图　　(b) 分类色彩图　　(c) OD矩阵图

图 9-9　CCSIM 绘制的专题地图

9.3.3　空间行为的建模解释

对于大多数规划、建筑师来说，空间行为建模解释的技术门槛较高。因此，在输入基础数据之后，CCSIM 软件内置了一步到位地构建多项 Logit 模型的程序。在菜单栏中选择“Logit Model - Logit Model Estimation”，用户可以在弹出的对话框中选择建模结果 txt 文件的保存路径与文件名，默认文件名为“Logit_Estimation.txt”。图 9-11 展示了一个商业综合体案例的模型估计结果，该模型通过“高级”模式设置了 21 个解释变量。图中从上到下依次为模型计算用时（45.7997s）、估计完成时的收敛标准、零模型以及

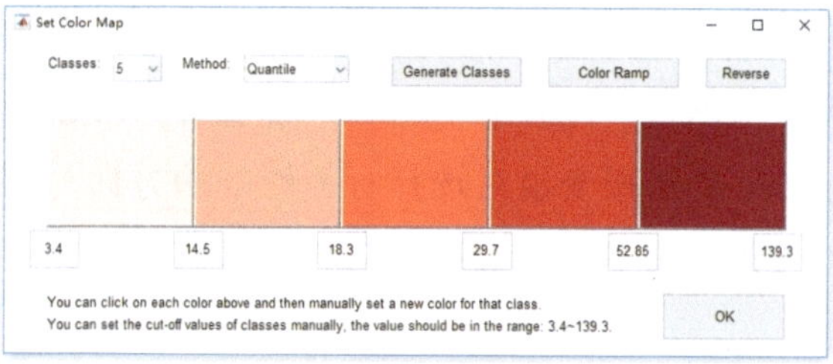

(a) 修改分类间断点

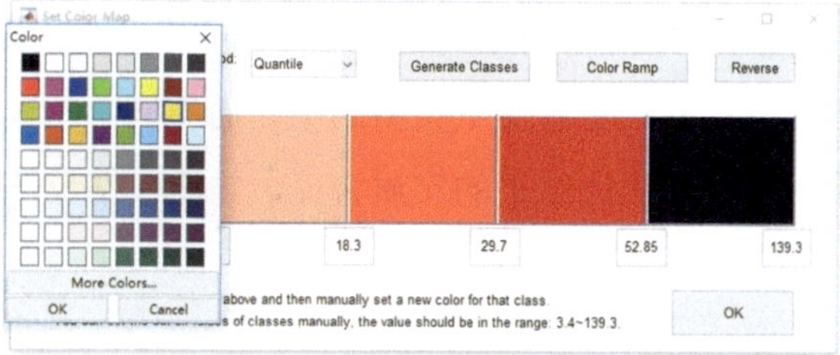

(b) 调整单一颜色

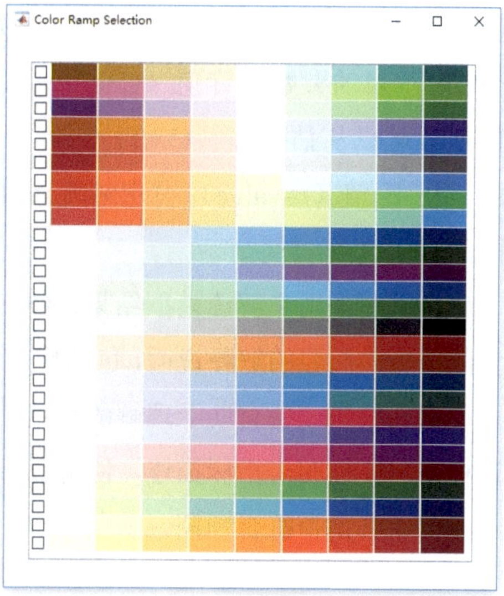

(c) 更改色带

图 9-10　CCSIM 的图类设置

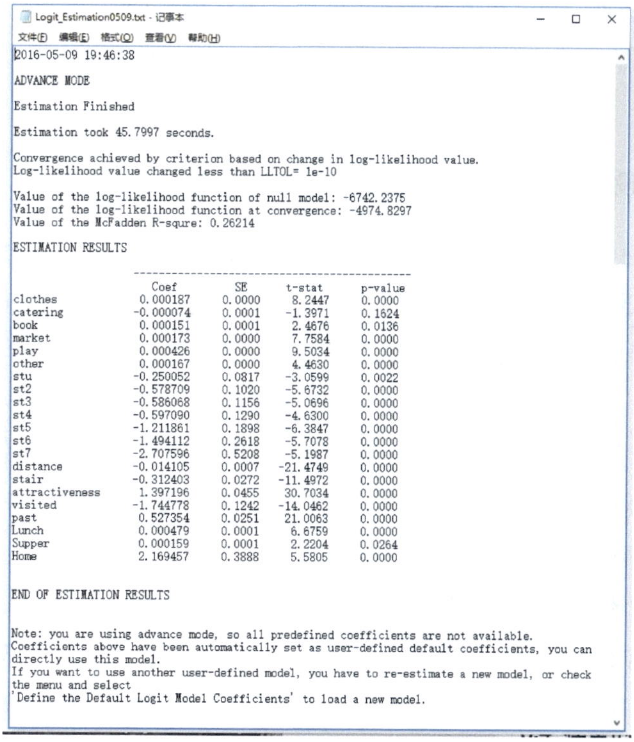

2016-05-09 19:46:38

ADVANCE MODE

Estimation Finished

Estimation took 45.7997 seconds.

Convergence achieved by criterion based on change in log-likelihood value.
Log-likelihood value changed less than LLTOL= 1e-10

Value of the log-likelihood function of null model: -6742.2375
Value of the log-likelihood function at convergence: -4974.8297
Value of the McFadden R-squre: 0.26214

ESTIMATION RESULTS

	Coef	SE	t-stat	p-value
clothes	0.000187	0.0000	8.2447	0.0000
catering	-0.000074	0.0001	-1.3971	0.1624
book	0.000151	0.0001	2.4676	0.0136
market	0.000173	0.0000	7.7584	0.0000
play	0.000426	0.0000	9.5034	0.0000
other	0.000167	0.0000	4.4630	0.0000
stu	-0.250052	0.0817	-3.0599	0.0022
st2	-0.578709	0.1020	-5.6732	0.0000
st3	-0.586068	0.1156	-5.0696	0.0000
st4	-0.597090	0.1290	-4.6300	0.0000
st5	-1.211861	0.1898	-6.3847	0.0000
st6	-1.494112	0.2618	-5.7078	0.0000
st7	-2.707596	0.5208	-5.1987	0.0000
distance	-0.014105	0.0007	-21.4749	0.0000
stair	-0.312403	0.0272	-11.4972	0.0000
attractiveness	1.397196	0.0455	30.7034	0.0000
visited	-1.744778	0.1242	-14.0462	0.0000
past	0.527354	0.0251	21.0063	0.0000
Lunch	0.000479	0.0001	6.6759	0.0000
Supper	0.000159	0.0001	2.2204	0.0264
Home	2.169457	0.3888	5.5805	0.0000

END OF ESTIMATION RESULTS

Note: you are using advance mode, so all predefined coefficients are not available.
Coefficients above have been automatically set as user-defined default coefficients, you can directly use this model.
If you want to use another user-defined model, you have to re-estimate a new model, or check the menu and select
'Define the Default Logit Model Coefficients' to load a new model.

图 9-11　由 CCSIM 直接估计得到的个体空间行为模型（多项 Logit 模型）结果

收敛模型的对数似然值、模型的拟合优度——McFadden's R^2（0.26214）。中间部分是各个解释变量的参数估计值（Coef）、标准误（SE）、t 检验值（t-stat）、*p* 值（*p*-value），使用者可以从估计值（Coef）的符号与绝对值判断变量对选择行为影响的方向与强弱，从 *p* 值（*p*-value）中判断显著性。最后在参数估计表的下方是一些模型调用方面的提示。

为了便于用户解读模型结果，CCSIM 还在上述参数估计报告的下方针对每一个变量的结果做简要的解释说明，包括作用是否显著、如何影响空间选择行为。同时，CCSIM 还计算并报告一些有助于理解的描述性指标，其形式随着变量类型的不同而不同。通过这样的解释说明与指标描述，使用者可以理解模型估计结果的实质含义，并能根据专业经验判断其是否符合预期。

9.3.4 空间行为的模拟与预测

如果使用者没有收集个体行为数据，则在“一般”模式下进行模拟；如果使用者已收集个体行为数据，则可以在“高级”模式下进行模拟。“高级”模式相比于“一般”模式除了模拟准确度更高之外，还可以设定更多的边界条件使行为模拟更加接近真实情况。

1. 边界条件设定

边界条件的设定是为了使模拟更加接近真实情况，从而得到更精细的行为信息。使用者可以根据需要选择空间行为、时空行为、消费行为模拟，不同的模拟需要给定必要的边界条件：对于单纯的空间行为模拟，边界条件为个体在几个入口间的初始空间分布，这也是最为基础的边界条件；时空行为模拟在此基础上还需要提供额外的时间信息，包括个体到达入口的时间分布，在各个空间分区的停留时长分布以及在空间分区之间的移动耗时分布；消费模拟则针对消费行为，需要提供消费者在各个空间分区的消费比例和发生消费时的消费额分布。

CCSIM 为上述边界条件均提供了多种输入方式（表 9-3），特别是兼顾了有调查数据和没有调查数据两种情景。以设定个体的到达时间分布为例：如果使用者提供了个体到达入口的时间，则 CCSIM 可以自动估计其分布；如果缺乏这样的数据，CCSIM 允许用户基于其他知识和经验，自行设定个体到达的累积分布曲线（图 9-12）。

表 9-3　CCSIM 中模拟所需要的边界条件和设定方式

边界条件	基于实测数据设定	不依赖实测数据设定
入口初始空间分布	样本的入口选择数据→计算分布比例	直接输入分布比例
到达时间分布	样本的到达时间数据→估计到达时间的核密度分布	编辑锚点，设定到达时间的累积分布曲线
空间分区停留时长分布	样本在活动场所的停留时间数据→估计停留时间的核密度/正态/对数正态分布	直接设定正态/对数正态分布的均值和标准差
空间分区间的移动耗时分布	样本在个体路径上 OD 对的交通时间数据→估计所有 OD 对的平均时间；通过线性回归估计步行速度，推算时间；估计两两小区 OD 对之间的平均时间	直接设定总体平均时间；直接设定步行速度，推算时间
空间分区的消费额分布	样本在活动场所的消费数据→估计消费额的核密度/正态/对数正态分布	直接设定正态/对数正态分布的均值和标准差

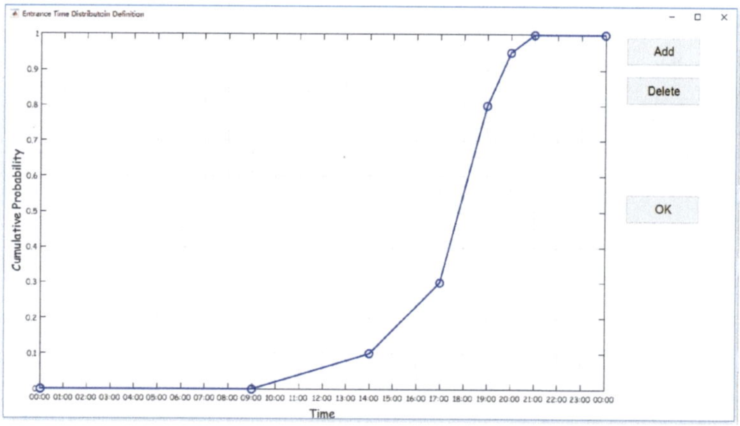

图 9-12　缺少调查数据时直接定义到达时间的累积分布曲线示例

横轴为时间，纵轴为累积概率（0～100%），图中曲线表示个体在 9：00～21：00 时段内到达的时间分布，曲线越陡，对应的时段内到达的个体数量越多。

2. 模拟结果分析

在完成必要的边界条件设定后，即可通过快速操作区中的“Simulation”按钮或“Simulation”菜单运行模拟，用户可根据需要设定进入模拟的人数。由于 CCSIM 所使用的蒙特卡洛方法具有随机性，模拟一般需要运行多次，CCSIM 中默认为 10 次，用户可根据结果的稳定性和耗时情况进行调整，模拟过程中将弹出进度条提示模拟进度。CCSIM 在模拟完成后将自动汇总和分析模拟结果，用户可以通过“Export Results”菜单，以 xlsx 文件的形式导出多种模拟结果数据。“一般”模式下的简易模拟可以输出一些关键模拟结果，如活动的空间分布、空间单元间活动的 OD 矩阵等；“高级”模式下更加复杂的模拟还可以输出活动的时空分布、排队时间、消费额分布等结果（图 9-13）。CCSIM 软件通过计算模拟数据与真实数据间的皮尔逊相关系数（Pearson correlation coefficient）来判断模拟的准确度，皮尔逊相关系数在 0～1，取值越大说明模拟结果越准确，通常来说使用 CCSIM 内置的模型直接进行拟合，个体活动的空间分布与真实情况的相关系数会在 0.6 左右，随着模型更加精细相关系数还会有所上升。

TAZ. Index	Sim1	Sim2	Sim3	Sim4	Sim5
1	39	27	25	34	43
2	35	32	30	41	38
3	26	33	22	20	20
4	53	52	57	56	50
5	17	20	12	13	24
6	10	15	9	7	12
7	21	21	18	20	19
8	18	16	15	14	24
9	12	7	14	19	7
10	20	22	24	16	27
11	36	30	34	36	39
12	9	11	14	21	16
13	25	35	36	32	26
14	58	61	59	57	57
15	53	61	59	63	65
16	20	16	16	20	8
17	8	5	12	13	12
18	9	7	11	15	7
19	48	41	37	52	37
20	31	36	32	39	36

(a) 活动空间分布的模拟结果

	1800	1801	1802	1803	1804	1805	1806	1807	1808	1809	1810
1	1.2	1.1	1.3	1.3	1.2	1.2	1	1	1	0.9	0.8
2	1.6	1.7	1.6	1.7	1.8	1.7	1.6	1.6	1.5	1.5	1.5
3	0.6	0.6	0.6	0.7	0.7	0.7	0.7	0.8	0.8	0.8	0.8
4	3.1	3.1	3	3.1	3	2.9	3	2.9	3.2	3.3	3.3
5	0.6	0.6	0.6	0.5	0.4	0.3	0.3	0.3	0.3	0.5	0.6
6	1.4	1.4	1.4	1.4	1.4	1.5	1.5	1.5	1.5	1.5	1.5
7	1.1	1.3	1.2	1.2	1.1	1.1	1.1	1.1	1	1	1.1
8	0.3	0.3	0.2	0.3	0.3	0.3	0.3	0.4	0.3	0.3	0.3
9	0.2	0.2	0.2	0.2	0.1	0.2	0.2	0.2	0.2	0.2	0.2
10	0.2	0.3	0.3	0.3	0.3	0.4	0.4	0.4	0.4	0.4	0.3
11	1	0.8	0.8	0.7	0.8	0.8	0.8	0.7	0.7	0.7	0.7
12	0.3	0.3	0.3	0.3	0.3	0.5	0.5	0.5	0.4	0.4	0.4
13	2.4	2.4	2.6	2.4	2.5	2.9	2.7	2.8	2.9	3.1	3.2
14	3.2	3.2	3.1	3.3	4	4.4	4.5	4.2	4	3.8	3.8
15	2	2	2	1.8	1.7	1.9	1.5	1.6	1.5	1.5	1.5
16	1.3	1.3	1.4	1.3	1.2	1.3	1.3	1.2	1.2	1.2	1.3
17	0.9	0.9	0.9	0.9	0.9	0.9	0.9	1	1	1	0.9
18	0.4	0.4	0.4	0.3	0.3	0.3	0.3	0.3	0.3	0.3	0.4
19	4.8	4.7	4.6	4.7	4.7	5	4.7	4.6	4.6	4.9	4.7
20	4.1	4.3	4.4	4.4	4.4	4.6	4.7	4.3	4.4	4.7	4.7

(b) 活动的时空分布模拟结果 (18：00~18：10)

Mean OD Matrix of All Simulations. This is a 45 * 45 Matrix									
1.3	1.2	0.7	0.8	0.2	0.1	0.4	0.4	0.3	0.6
1.6	1	0.3	1.5	0.1	0.2	0.5	0.8	0	1.1
0.5	0.8	0.3	2.3	0.2	0.1	0.3	0.4	0.4	0.6
1.1	1.2	1.1	3.9	2	1.1	1.5	1	0.7	0.8
0.1	0.2	0.6	1	0.5	1	0.4	0.8	0.2	0.2
0.1	0.2	0.1	1	0.5	0.2	0.8	0.3	0	0
0.2	0.4	0.6	1.5	0.7	0.7	0.4	0.4	0.2	0.3
0	0.6	0.5	1.2	0.5	0.7	0.4	0.3	0.2	0
0.2	0.2	0.4	1.3	0.5	0.2	0.2	0.8	0	0.2
0.5	0.8	0.6	1.9	0	0.2	0.3	0.3	0	0.1
0.8	1.7	0.6	1.3	0.1	0.4	0.7	1.1	0.8	1
0.9	0.5	0.3	0.6	0.1	0.3	0.1	0.2	0	0.5
0.1	0.8	0.4	0.5	0.1	0.1	0.3	0.3	0.3	0.1
1.2	1.7	1.2	1.5	0.4	0.2	0.3	0.6	0.3	0.9
0.3	1.2	1	2.9	0.8	0.4	1.2	0.6	0.7	0.3
0	0.1	0	0.6	0.3	0.2	0.7	0.4	0.2	0
0	0	0.1	0.2	0.3	0.1	0.2	0.2	0.1	0
0.1	0.1	0.1	0.5	0.2	0	0.2	0	0	0
0.3	0.6	0.6	0.8	0.4	0.3	0.4	0.6	0.2	0.8
0.3	0.6	0.3	0.4	0.3	0.2	0.4	0.3	0.1	0.2
0	0.2	0.1	0.4	0.1	0.1	0.2	0.2	0	0.2
0.7	0.3	0.4	0.8	0.3	0.2	0.2	0.5	0.3	0.5

(c) 空间分区间活动OD模拟结果

Consumer. Route								
1	24	26	31					
2	21	24	29	28	23	30	28	
3	25	24	26	29				
4	2	4	37	24	24			
5	17	39	29	29				
6	26	28	27	29	28			
7	32	35						
8	25	10	4					
9	23	32	9	8	20			
10	15	15	1					
11	4	5	32					
12	15	15	44	19	13	24		
13	14	15	18					
14	6	5	13	17	18	26	27	25
15	14	8	32	14	9	15	31	
16	19	44	16	32	14	39		
17	31	22	14	25	20			
18	11	40	3	4	34			
19	4	37	38					
20	7	40	15	44	24	37		

(d) 单次模拟的个体回游路径

图 9-13　CCSIM 导出的模拟结果示例

考虑到使用者比对模拟与真实结果、既有方案与调整方案效果的需求，CCSIM 软件提供“结果对比”功能。用户可以通过 9.3.2 节中提到的专题制图与统计图绘制功能进行模拟效果检验和多方案的比对。例如，用户可以绘制真实情况与模拟结果的个体活动散点图来观察哪些空间分区模拟效果不理想[图 9-14（a）]；用户可以绘制既有方案与优化方案的分区间活动 OD 图来判断优化方案是否达到了预期效果[图 9-14（b）]。这些功能都汇总在“Plot - Comparison”菜单栏中，使用者可以根据需要选择。

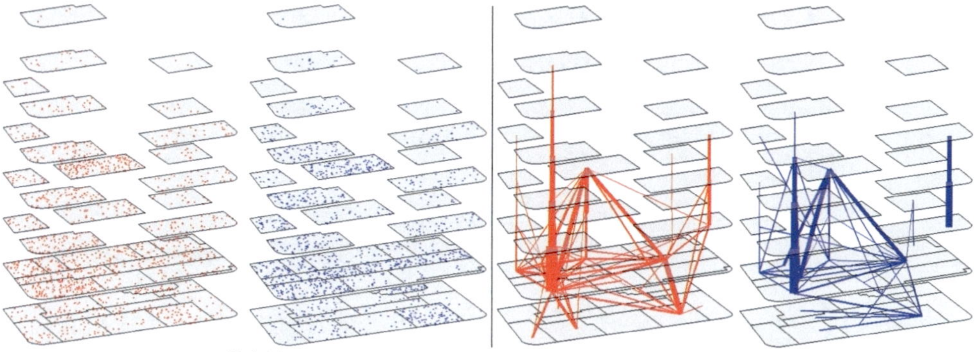

图 9-14　CCSIM 中真实与模拟、多方案间的结果对比

9.4　CCSIM 软件的应用实例——上海大宁国际商业广场

9.3 节介绍了 CCSIM 软件的基本情况、主体功能以及大致的使用方法，本节通过一个具体案例，详细介绍如何使用 CCSIM 软件从无到有完整地实现空间行为分析与模拟，并根据分析结果为规划设计决策提供有力的支撑。应用实例选取上海大宁国际商业广场，关注在这座街区式综合体中的消费者行为。

9.4.1　案例概况与研究目的

选取的案例是 2006 年投入运营的上海市大宁国际商业广场（简称大宁国际）。大宁国际的商业零售面积 50000m^2，位于大宁商圈，临近轨道交通 1 号线延长路站（约 100m 距离），是一个面向本区消费者为主的街区式商业综合体。大宁国际的商业空间主要由 9 栋建筑构成，商业功能的最高层数为 6 层（图 9-15）。

近年来商业综合体呈现“个性化、主体化、体验式”的发展趋势，消费者的空间行为对于商业综合体的运营与改造策略都有重要的参考意义。因此，本案例借助 CCSIM 软件进行空间行为分析与模拟，主要有两个研究目标：其一，探索大宁国际的商业空间

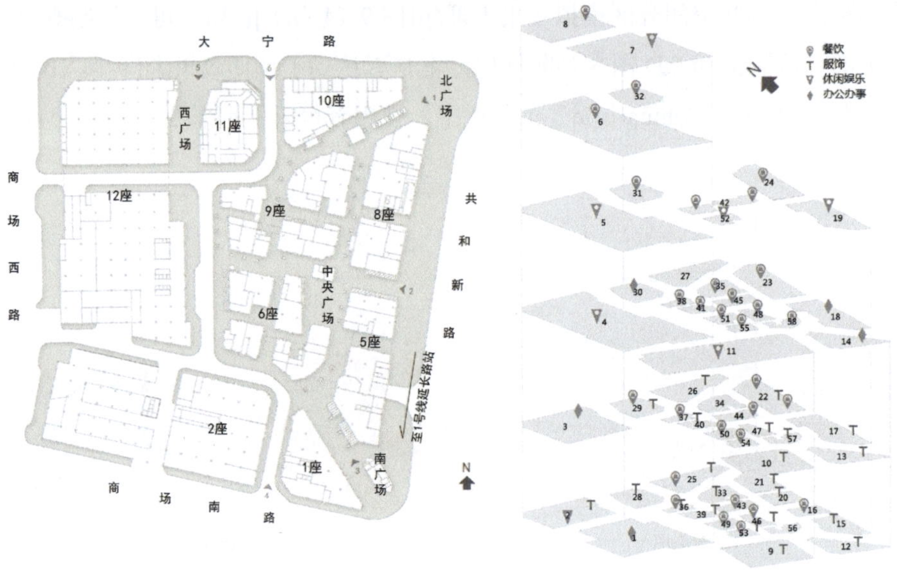

(a) 平面图　　(b) 轴侧图

图 9-15　大宁国际平面图及轴侧图

对消费者行为的影响机制；其二，通过消费者行为的模拟，预测空间优化方案实施后，大宁国际的效益会有多大提升。

9.4.2　数据处理与输入

1. 空间环境数据

为了进一步分析的便利，本示例将大宁国际划分成 58 个空间分区，9 栋建筑内部每 1 层均为 1 个空间分区。特别地，将 5 座、8 座、12 座底层各划分成 2 个空间分区，将 6 座、9 座底层各划分成 4 个空间分区，以此保证每个分区尽可能空间完整又彼此独立（图 9-15）。本示例通过 ArcGIS 导入大宁国际的空间分区信息，具体导入方法分为三步：①单击快速操作区中的“Load TAZ File”按钮，选择 shapefile 文件路径，可以看到在“Num. TAZs” 栏中已经识别了 58 个空间分区；②程序将自动从 shapefile 文件的可用字段名中识别与 ID、Area、Attract 相近的字段，分别作为小区编号、营业面积、吸引力变量，Area 和 Attract 字段后续在“高级”模式下再输入，这里选择“None” 单击“OK”；③单击快速操作区中的“PLOT” 按钮即可绘制空间分区（图 9-16）。

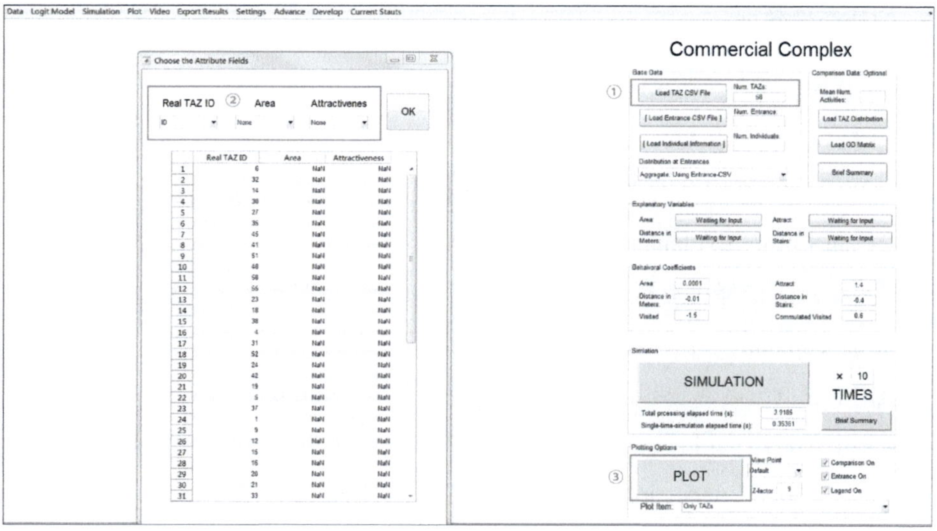

图 9-16　CCSIM 中空间分区数据导入

出入口数据一般通过 csv 文件导入，csv 文件要求 4 列数据，依次为出入口编号与 *X-Y-Z* 坐标，其默认表头名分别为：Entrance ID、*X*、*Y*、*Z*，每一个出入口有且只有一行数据。单击快速操作区的“Load Entrance CSV File”，选择文件路径后单击“PLOT”按钮即可看到完整的空间方案，可以看到软件共识别出 11 个出入口，包括地面出入口以及地下停车场出入口（图 9-17）。

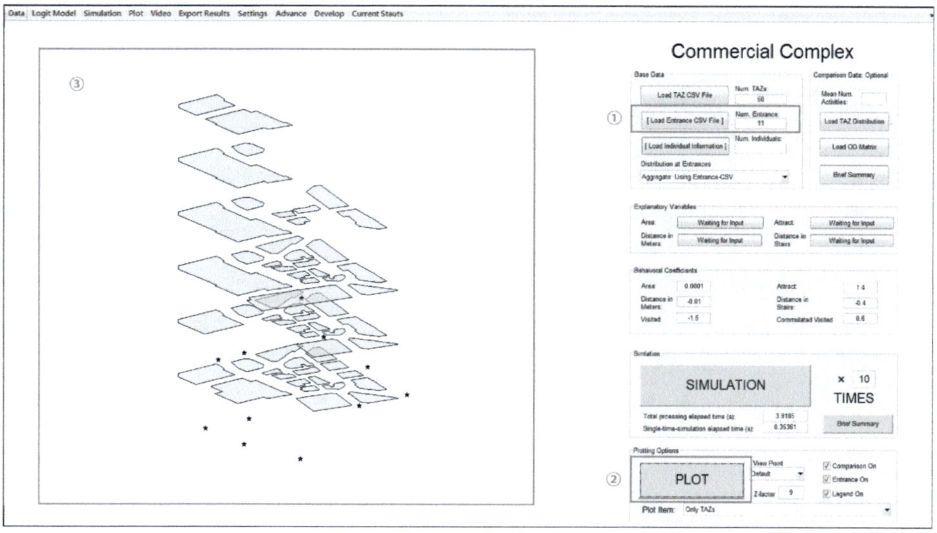

图 9-17　CCSIM 中出入口数据导入

2. 解释变量数据

在 9.3.1 节中提到，CCSIM 能够自动计算 5 个固定解释变量，其中“重复到访”和“回家”变量软件自行计算，功能面积（area）、平面距离（distance in meters）、垂直距离（distance in stairs）三个固定变量可以选择让 CCSIM 自动计算。前两个变量在菜单栏下选择“Data - Input Explanatory Variables - Area/Distance”即可自动计算。垂直距离的计算相对复杂：①选择菜单栏“Data - Input Explanatory Variables - Stair（Difference）- Automatic Calculation” 打开相对楼层差自动计算对话框；②软件自动识别出 9 栋建制，同一建筑内的空间分区颜色相同，并显示在右上方的“Building”列表中同一行内。如果识别结果不准确，用户可直接对“Building”列表进行调整。例如，分区间有空中连廊连接，则可在“Above Connections”中输入相连接的分区编号，图 9-18 中 2 层的 37、40、44 号分区有连廊连接，输入后可以看到图中新增了红色连接线。最后单击“Calculate”按钮即可自动计算分区–分区、分区–出入口间的相对楼层差矩阵；③若三个固定变量都已计算完成，快速操作栏中三个变量的状态会由“Waiting for put”变为“Finished”（图 9-18）。

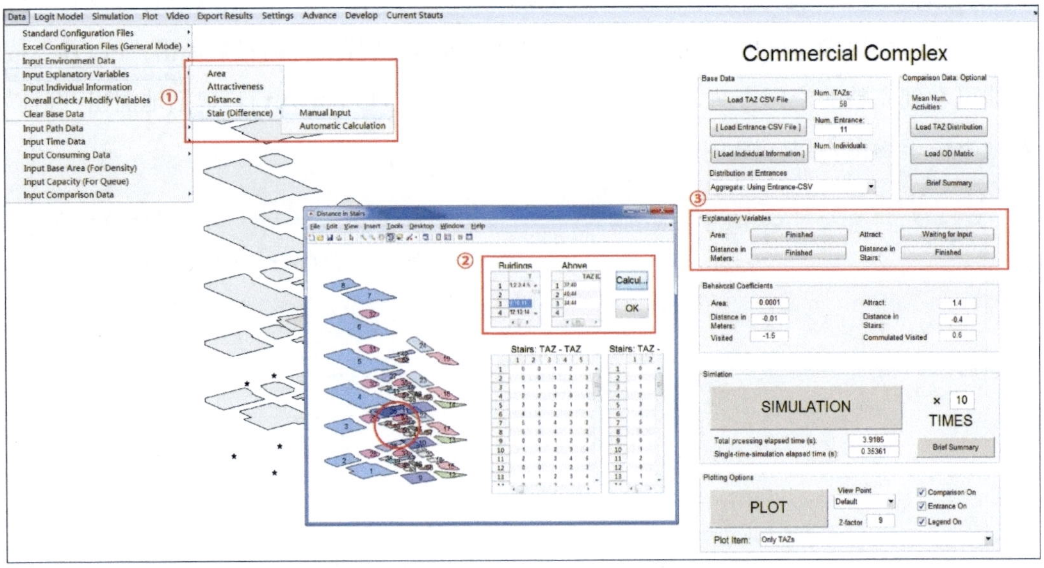

图 9-18　CCSIM 中三个固定变量的自动计算

其余解释变量需要手动输入。在“一般”模式下用户只需要单击快速操作区中的“Attract-Waiting for Input”按钮导入吸引力（attract）变量即可，文件为 csv 格式，要求

2 列数据，依次为空间分区的 ID 和吸引力测度变量。本示例选用“高级”模式，在“高级”模式下，用户需要选择菜单栏中“Advance-Input user defined variables”输入解释变量文件，文件为 csv 形式，数据格式如图 9-19 所示。其中第一列为空间分区的 ID，往后每一列代表一个解释变量的测度值，这些解释变量的意义会在之后的章节中提到。

TAZID	Ar1	Ar2	Ar3	Ar4	Shuxi	E1	E2	E3
1	346.4219	0	0	807.1246	1.5	0	0	0
2	0	1136.254	0	0	3.9	0	0	0
3	0	0	0	1572.979	2.41146186	0	0	0
4	0	0	3390.413	0	0	0	0	0
5	0	0	3390.413	0	1.5	0	0	0
6	3390.413	0	0	0	1.39861316	0	0	0
7	0	0	1596.131	0	0.03313867	0	0	0
8	1136.254	0	0	0	1.5	0	0	0
9	0	944.0128	50.3595	31.4305	0.75580354	0	0	0
10	0	1157.106	0	0	0.1324508	0	0	0
11	0	0	2695.79	0	2.96071528	0	0	0
12	0	352.0555	81.012	0	3.3047559	0	1	0
13	0	433.9076	0	0	3.68361701	0	1	0

图 9-19　CCSIM 能读取的自定义解释变量表

3. 个体行为数据

研究团队通过实地发放问卷的方法获取了 148 位消费者的个体行为数据[①]。由于本示例不涉及消费者行为的时间信息，因此个体行为数据使用宽表的形式导入。文件为 csv 格式，数据形式已经在 9.3.1 节中介绍，这里不再赘述。个体行为数据导入分为三步（图 9-20）：①单击快速操作区中“Load Individual Information”按钮，选择个体行为数据表，可以看到软件识别到 148 位消费者的信息；②单击快速操作区中“Distribution at Entrances”选择“Aggregate：Deriving From Individual Information”自动计算 11 个出入口中消费者进入的比例，可以看到有 42%的消费者都是从 3 号主入口进入的；③最后单击菜单栏中“Current Status”查看当前状态，当状态显示可以建模、模拟时说明基础数据已录入完毕，可以进行接下来的分析。

9.4.3　消费者空间行为偏好分析

CCSIM 软件支持专题地图绘制，可以进行初步的消费者行为分析。图 9-21 展示了 148 个消费者在大宁国际 58 个空间分区的停留人次分布、消费率分布以及总消费额分布。可以看到，底层店铺的停留人次明显更高，说明消费者的活动集中在地面商业空间；然而

① 经测试，样本数量不能低于 50 个，当样本数量接近 150 个时，模型拟合结果基本稳定。

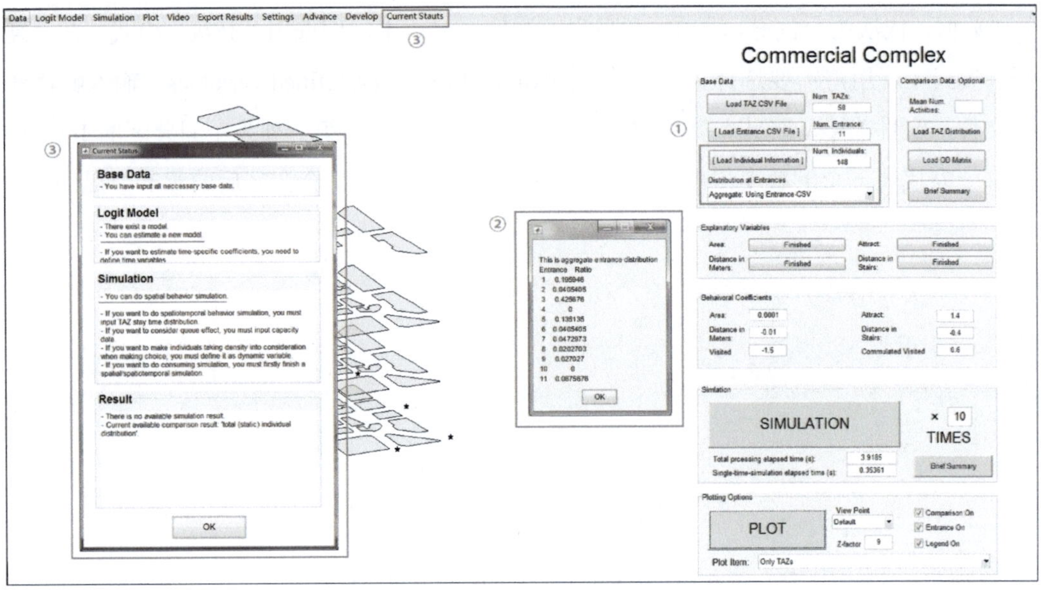

图 9-20　CCSIM 中个体行为数据输入

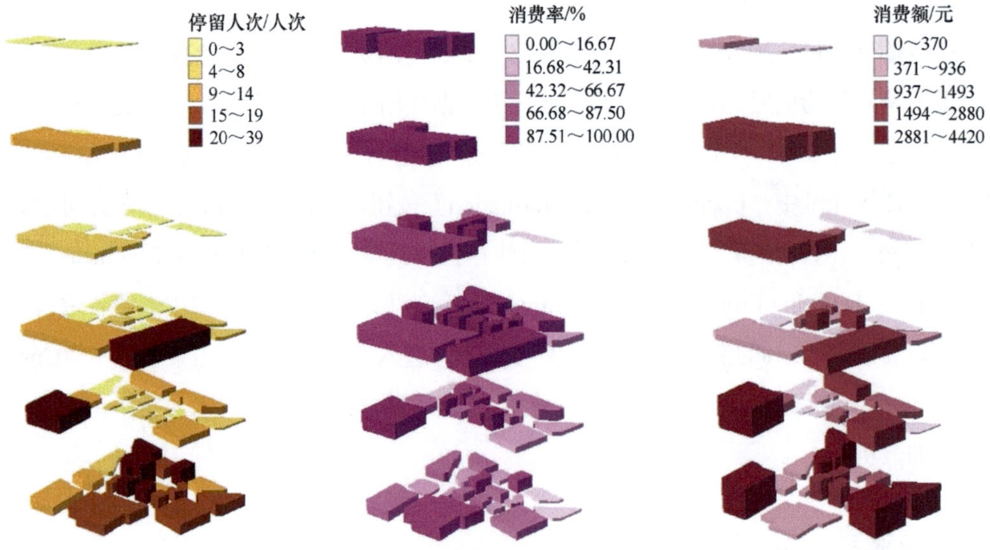

(a) 停留人次分布　　(b) 消费率分布　　(c) 消费额分布

图 9-21　用 CCSIM 专题地图分析消费者空间行为

从消费率和消费额上看，高楼层的消费率和消费额反而略高于底层，说明消费者一旦到了较高的楼层（3 层以上）会更倾向于消费，并且消费额可观。通过初步分析可直观看到消费者行为受楼层的影响。

那么，消费者的选择究竟受到哪些因素的影响？这就需要通过构建行为模型来解释。解释变量的选取应以可解释性、可操控性、简约性为主要原则，根据 58 个空间分区的自身属性决定解释变量包括以下 4 组：①各分区的业态规模：包括餐饮类营业面积、服饰鞋帽类营业面积、休闲娱乐类营业面积、超市办事类营业面积、店铺知名度 5 个变量；②分区间的空间阻抗变量：包括水平距离、竖向楼层差（垂直距离）2 个变量；③各分区的空间环境：包括是否靠近中央广场、是否靠近休憩座椅、是否处于步行街 3 个变量，这三者均为虚拟变量；④其他解释变量：包括“重复访问”和“回家”变量两项，其中“回家”变量为消费者在 1～58 个空间分区外的第 59 项选择“回家”特有的变量，用于体现消费者离开综合体的倾向。各解释变量的组别、变量名称、编码及预期见表 9-4。

表 9-4　解释变量一览

组别	变量名称	编码	预期	备注
业态规模组	餐饮类营业面积	Ar1	+	包括快餐、正餐、饮品、甜品等
	服饰鞋帽类营业面积	Ar2	+	包括服装、鞋帽、配饰、化妆品等
	休闲娱乐类营业面积	Ar3	+	包括舞蹈、花艺、亲子、电影、健身等
	超市办事类营业面积	Ar4	+	包括酒店、银行、咨询、超市等
	店铺知名度	Shuxi	+	大众点评数标准化处理后得到
空间阻抗组	水平距离	Distance	–	分区形心间的直线距离，动态更新变量
	垂直距离	Stair	–	竖向楼层差，考虑连廊，动态更新变量
空间环境组	靠近中央广场	E1	+	0-不靠近；1-靠近
	靠近休憩座椅	E2	+	0-不靠近；1-靠近
	处于步行街	E3	+	0-不处于；1-处于
其他	重复访问变量	Visited	–	动态更新变量
	回家变量	Past	+	动态更新变量，“回家”选项特有变量

在菜单栏中选择“Logit Model - Logit Model Estimation”，CCSIM 软件将自动构建多项 Logit 模型（MNL）。在初步模型的解释变量显著性检验中，靠近中央广场（E1）、靠近休憩座椅（E2）两项不显著，说明中央广场、休憩座椅在大宁国际综合体内即使具有吸引人流的效果，也不会影响消费者对店铺的选择，因此剔除这两个变量重新构建模型，得到的模型拟合结果经整理后如表 9-5 所示。模型的拟合优度为 0.218，所有变量均在 1%水平上显著。

表 9-5 CCSIM 模型拟合结果

组别	变量名称	编码	Coef（系数）	SE（标准误）	*p*-value（*p* 值）
业态规模组	餐饮类营业面积	Ar1	0.000431	0.0001	0.0001
	服饰鞋帽类营业面积	Ar2	0.000816	0.0002	0.0000
	休闲娱乐类营业面积	Ar3	0.000510	0.0001	0.0000
	超市办事类营业面积	Ar4	0.000136	0.0000	0.0000
	店铺知名度	Shuxi	0.185400	0.0458	0.0001
空间阻抗组	水平距离	Distance	–0.021672	0.0012	0.0000
	垂直距离	Stair	–0.598020	0.0461	0.0000
空间环境组	靠近中央广场	E1	结果不显著，建模时已剔除		
	靠近休憩座椅	E2	结果不显著，建模时已剔除		
	处于步行街	E3	0.443099	0.1154	0.0001
其他	重复访问变量	Visited	–2.152682	0.2758	0.0000
	回家变量	Past	0.402885	0.0380	0.0000

各变量的系数符号反映出对消费者选择指定分区起到正向影响的要素有 4 类：营业面积、店铺知名度以及处于步行街；起到负向影响的要素有水平网络最短距离、竖向楼层差（垂直距离）以及重复访问，影响方向符合最初的预期。从系数的数值上看，在选择空间分区时，距离减少 1m 带来消费者效用的增加相当于服饰鞋帽类营业面积增加 26.6m^2；店铺知名度上升一个单位带来的效用增加相当于距离减少 8.5m；步行区对消费者效用的增加相当于距离减少 20.4m；楼层差每减少 1F 带来的消费者效用的增加相当于距离减少 27.5m；重复访问同一分区带来的效用减少，相当于距离增加 99.1m，楼层差增加 3.6 层。总体来说，消费者在选择空间分区时最看重的要素依次为是否重复访问、楼层差、步行街、知名度、距离，最后是营业面积组。营业面积对消费者的吸引力较弱，说明大宁国际的店铺经营模式不仅仅以规模取胜，这也证明了商业综合体正在向“个性化、主题化、体验式”的方向转变。

本示例根据消费者基本属性将借助 CCSIM 软件快速建模的优势进行分类，并针对每一类消费者分别构建行为模型。将各类消费者群体模型的解释变量系数整理后绘制个体偏好的散点图。个体偏好的散点图反映的是不同消费者消费偏好的差异。以不同消费者群体对于店铺知名度及周边步行环境的敏感程度为例，将水平距离作为衡量单位，纵轴为店铺知名度提升消费者愿意多走的距离，横轴为步行环境改善消费者愿意多走的距离（图 9-22）。根据选择偏好可以将消费者归为 5 类。①正常型：与总体较为接近，如周日、成年消费者无特殊偏好；②单高型：更看重特定因素，如周五、晚上，消费者看重步行环境；③一低一高型：看重特定因素的同时不看重另一因素，如步行、独自来的消费者只关注知名度；④双低型：两类因素都不看重，如中老年、退休、驾车的消费者；⑤双高型：两类因素都很看重，如青年与学生，他们会被步行区内的知名店铺吸引。通过绘制个体偏好的散点图可以直观地看出各类消费者群体会被什么样的商业空间吸引。图 9-22 中每一个单点都需要进行一次建模，CCSIM 能够大量减少整张图绘制的时间。

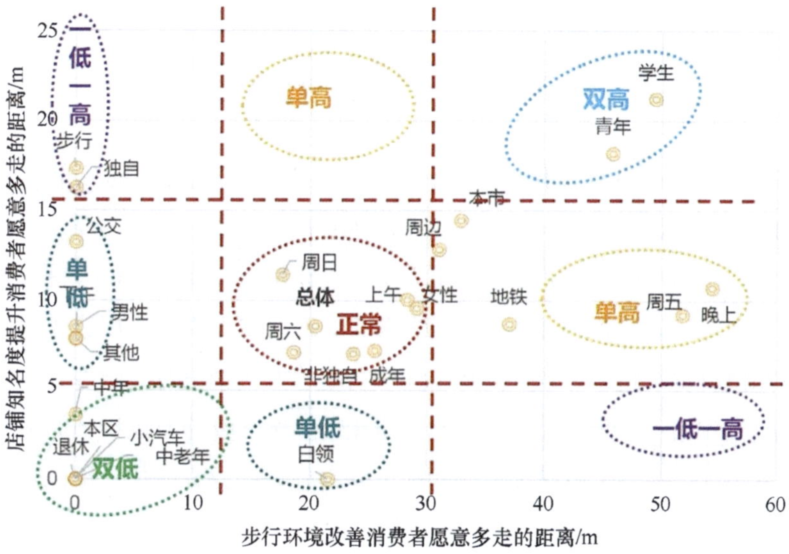

图 9-22　个体消费偏好的散点图

9.4.4　基于消费者行为模拟的多方案比对

在“一般”模式下，不需要输入个体行为数据，可以使用 CCSIM 软件的内置模型进行模拟，比较模拟与真实情况的各分区停留人次，皮尔逊相关系数在 0.6 左右。本示例已有个体行为数据并构建模型，因此在“高级”模式下进行模拟。设定模拟次数为 10 次，单击快速操作区中的“Simulation”按钮即可实现模拟。图 9-23（a）反映的是 148 个消费者在各空间分区中的活动次数，蓝线为调研数据，红线为模拟数据；图 9-23（b）显示了两组数据的皮尔逊相关系数，达到 0.768；图 9-23（c）展示的是 CCSIM 软件模拟的面板参数，这些图表都可以通过 CCSIM 绘制。总体来说，模拟结果很大程度上还原了消费者的实际行为，可以用于后续对空间优化效果的模拟。

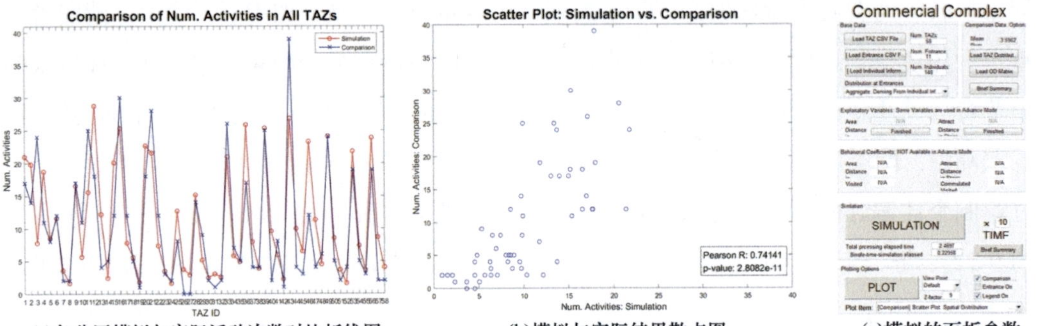

(a)各分区模拟与实际活动次数对比折线图　(b)模拟与实际结果散点图　(c)模拟的面板参数

图 9-23　148 个消费者的行为模拟结果

在此基础上，可以进行优化方案的效果模拟，进行优化方案的效果模拟只需单击“Advance - Input user defined variables”重新输入更改后的解释变量再单击“Simulation”进行模拟即可。图 9-24 展示了三套优化方案的具体策略。其中，加大投入导向下的优化策略兼顾空间环境的改善和业态吸引力的提升，通过将中央广场周边 3 层店铺用连廊连接、12 座东侧机动车道步行化、提升店铺知名度等方式希望对大宁综合体的总体收益起到显著的提升作用；适度投入导向下的优化策略挑选必要的改进措施如适度提升知名度、机动车道步行化等，希望通过适当的成本获得较好的提升效果；错位发展导向下的优化策略主要通过功能业态置换的方式，尝试在很小的改造成本下实现资源最大化利用，使得收益有较明显的提升。

(a) 加大投入导向　(b) 适度投入导向　(c) 错位发展导向

图 9-24　大宁国际的三个空间优化方案

图 9-25 展示了 500 个消费者在改造前与 3 个方案改造后的消费行为的预测结果，对比其在人均消费活动次数与消费活动空间分布上的差别，在这里用消费活动次数衡量各空

间分区店铺的收益，得到的结果如图 9-25 所示。经过加大投入导向的空间优化后，消费者平均活动次数由之前的 4.02 次上升至 4.39 次，相当于每 2.7 名消费者多增加 1 次消费活动。从 58 个空间分区的消费者活动次数分布图中可以看出，12 座（折线图左段）的消费活动次数大幅增加，达到了原先应有的预期，10 座、11 座（折线图中段）收益小幅提升，中央步行区（折线图右段）底层店铺收益减少，高楼层店铺收益增加，整体更加均衡；经过适度投入导向的空间优化后，消费者平均活动次数由之前的 4.02 次上升至 4.18 次，相当于每 6.3 名消费者多增加 1 次消费活动。从 58 个空间分区的消费者活动次数分布可以看出 10 座、11 座、12 座的底层店铺收益都有了较明显的提升，中央步行区周边高楼层店铺的收益也有小幅提升；经过错位发展导向的空间优化后，消费者平均活动次数由之前的 4.02 次上升至 4.10 次，相当于 12.5 名消费者多增加 1 次消费活动。从 58 个空间分区的消费者活动次数分布可以看出，业态置换后一些店铺的收益明显提升如 12 座 4 层、11 座 4～5 层，其他店铺有些小幅提升，但也有些店铺优化效果不理想，出现效益下降的情况。

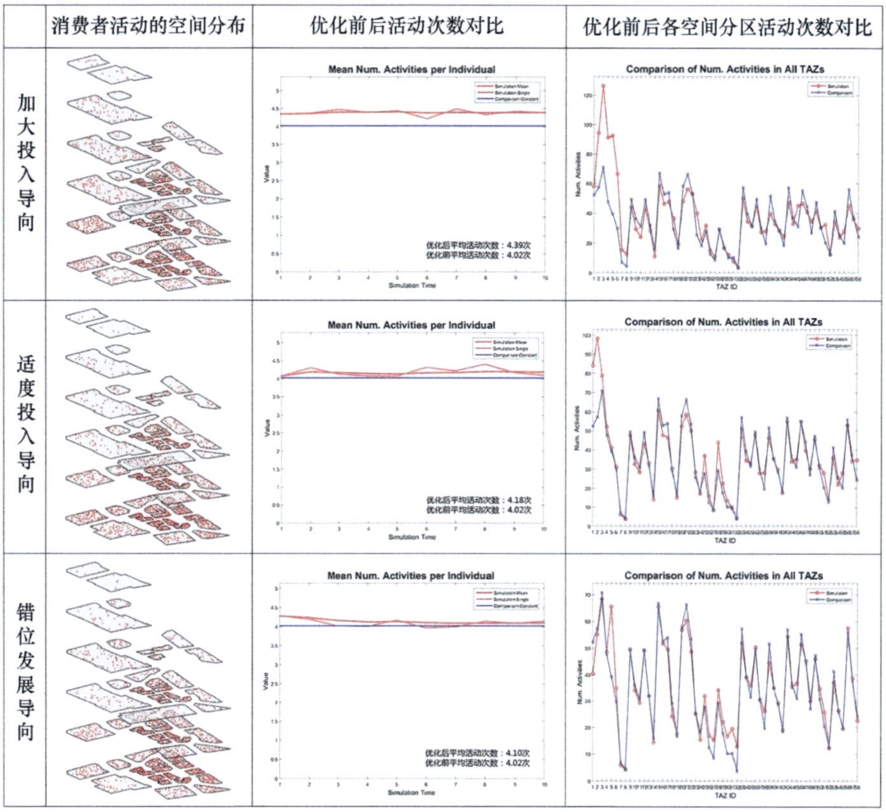

图 9-25　基于 CCSIM 行为模拟的优化前后效果比对

9.4.5 总结

研究成果对未来商业综合体的设计与运营有几点指导意义：第一，休憩设施与店铺需要紧密联系，在出入口设置休憩座椅、布置大块中央广场的方式可以聚集人气，但无法带动周边店铺的收益；第二，综合体设计的复杂性不单在空间尺度、步行环境等方面，同样在于店铺之间竞争与协同的连锁反应，具有很强的“蝴蝶效应”，在功能网络联系中处于核心位置的店铺能显著带动其他店铺的收益；第三，综合体追求把规模做大、功能做全的手法虽然能起到更好的效果，但未必是效率最高的，针对消费人群偏好制定错位发展战略能在较少的投入下获得理想的效果。

由此本章完成了基于 CCSIM 的空间行为分析与模拟的案例演示，在整个过程中 CCSIM 软件不仅降低了建模的技术门槛，还减少了大量的重复工作时间。